苏轼的诗词人生

王 晨 著

上海社会科学院出版社

序

苏东坡是我们民族文化史中的万人迷,是真正实力非凡的偶像,说他独步大宋也不为过。他的诗词文章都达到了极高的境界,可谓千载之中亦是一流的文豪。但也正因为如此,关于苏轼的印象渐渐就变成了后人脑海中的一个又一个容易流于表面和割裂其本真的符号。

譬如我们往往只以为苏轼豁达。实际上苏轼的一生历经坎坷浮沉,有着许多的烦恼痛苦。他本性当然是"自谓颇挺出"的,毫无疑问他也有这样自命不凡的资格。但在士大夫这一他无法回避的身份之焦虑里,苏轼终其一生都没有充分的机会去施展和实现自己的政治抱负。他在二十六岁时已经凭借自己对朝野时局的洞察而简在帝心,一举夺得制科试的史上第一名,然而直到他绍圣年间远贬岭南,他都未有过主政的机会。要让苏轼这样的天才俊逸之人物,承认自己"康时术已虚",这便如同李白在战乱里被迫自嘲"吾非济代人",是极为痛苦的体认和领悟了。

但不同于李杜,苏轼的官实际上做得很大。我们往往习惯于认为古来的文人骚客都是沉沦下僚,怀才不遇,其实未必尽然。元祐更化时期,苏轼长期担任从二品、三品的职务,离国家执政级别仅有一步之遥。这一步何以跨不过去,甚至他弟弟苏辙反而官至副宰相,这是本书中试图去探寻的问题之一。

苏轼的性格因素在本书的讨论中占了较大的比重和篇幅。笔者遵循以苏轼诗词文章和相关史料为依据的态度，从诸多官修、私修的史书以及文人笔记等材料中探寻其性格因素在不同时期的政治环境中所造成的影响，尝试通过比对其作品，来探索、揭示苏轼诸多符号之下接近其历史真实的蛛丝马迹，建构能一窥其个性的路径，从而勾勒出一个较能还原其本真的苏东坡形象。

因此本书的叙述，并非一味的故事化表达，几乎没有小说技巧的使用，相反有许多材料的呈现。但为了兼顾实事求是和阅读体验，因而对部分疑难生僻字作了注音，对所征引的材料都做了白话的解释和适度的简要分析，以方便读者朋友们能跳出纯粹的故事叙说之角度，通过史料的对比尝试自行判断和再认识苏东坡。

再者，笔者始终反对的是，为了拔高一个历史人物，而将他同时代意见相左或有所矛盾的人不顾事实地贬低。比这更应当避免的是，有选择地使用材料来"为尊者讳"，甚至抹黑他的"敌人"们。因此书中涉及的王安石、司马光、章惇、吕大防、刘挚、吕惠卿等宰相、执政大臣，或与苏轼反目成仇的人，笔者都遵循着"让历史说话"的第一原则，绝不罔顾事实，乱加褒贬。

简要言之，本书试图以不长的篇幅，从苏轼的仕宦历程这一角度来呈现和诠释一个真实的、有血有肉的苏东坡，而不是塑造一个圣人。

当然，笔者学识浅陋，本书稿缘起之时，并无付梓之雄心，此番将曾出版的《大宋之愁》变为苏轼一本、辛弃疾一本的形式，也作了一些修订的工作，但必定尚有疏漏谬误，一望方家指正；二请读者见谅。

2020 年 9 月 20 日

时近秋分，于家中书斋

目 录

序 / 1

一、大宋难题 / 1
二、庆历熙宁 / 29
三、苏轼开炮 / 47
四、通判杭州 / 63
五、为官密徐 / 81
六、乌台旋涡 / 99
七、吟啸徐行 / 121
八、汴梁烟云 / 139
九、党争阴霾 / 167
十、东坡终焉 / 195

参考文献 / 225

一
大宋难题

东坡居士苏轼生于北宋仁宗皇帝景祐年间。宋代结束了五代十国长达七十余年的大分裂和割据争战的局面。后周的殿前都点检（殿前禁军总司令）赵匡胤在陈桥兵变之后通过禅位的方式成为了皇帝，建立大宋，次第攻灭南北诸国，基本统一了中原。然而赵匡胤考虑到唐代安史之乱后直至五代十国节度使们拥兵自重、藩镇割据的严重问题，通过"杯酒释兵权"的形式，解除了手下主要将领们的军事指挥权，并且制定了"以文驭武"和"国朝不杀士大夫"等优待文官与读书人的祖宗家法。

但大宋的周边形势远不如汉唐。宋朝的北面，是契丹族建立的当时军事实力居东亚第一的大辽帝国。过去汉唐所面对的游牧民族政权大多是松散的、部落制的，而辽国却是一个帝国式的强大国家，拥有着数量庞大的精锐骑兵，得以侵略如火，来去如风。辽对宋的战略优势，其很重要的一个根源在于五代十国之时，"儿皇帝"石敬瑭将幽云十六州（即今北京、天津全境，以及河北北部、山西北部地区）割让给了契丹。这直接导致辽国的铁骑几乎可以肆意南下，一马平川，北宋首都汴（biàn）梁（今河南开封一带）可以依仗的战略纵深被压缩得十分有限。

"烛光斧影"的波谲云诡与"金匮之盟"兄终弟及的无耻闹剧之后,赵光义成了新的皇帝,也就是宋太宗。太平兴国四年(979年),志大才疏的他挟攻灭北汉之威势率领宋军御驾亲征,企图收复幽云十六州,使金瓯(ōu)得全,立万世之功。结果在高梁河战役中一败涂地,自己大腿又中了一箭(也有说中了两箭的),仓皇乘驴车逃跑。几年之后,大将曹彬、潘美、田重进等人在太宗皇帝命令下于雍熙三年统率大军几路出击,前期取得了一连串的胜利,但最终被在精明强干的辽国摄政太后萧燕燕的统筹谋划之下的辽军所击溃,雍熙北伐也宣告彻底失败。

此后,北宋基本对辽国采取防守态势。真宗皇帝时,靠着宰相寇准连哄带骗,总算没听王钦若等人迁都之计,硬拽着皇帝"御驾亲征"打下的"澶(chán)渊之盟",才换来了宋辽边境的相对和平。

然而,在仁宗皇帝宝元二年(1039年),李元昊称帝改元的奏表到达汴京,标志着西北边疆的边患西夏国正式诞生,脱离了过去对宋称臣和受其羁縻(jī mí)的政治状态。宋朝自然不能承认这种结果,于是在接下来的三年中,宋军先后与西夏打了三场战役——三川口、好水川、定川寨,结果无一例外,都战败了。甚至在好水川战役中,夏竦(sǒng)、韩琦、范仲淹挂帅也无法改变对西北边陲这一蕞(zuì)尔小国的战役结果。

大宋的问题简单而言可以概括成三个方面:冗官、冗兵、冗费。

冗官问题出自祖宗家法,其中一条是分宰相之权,又使异论相搅。北宋为了限制宰相的权力,把宰相的职能和所司一分为三。军事上设立枢密院,称西府,由枢密使、知枢密院事等掌管调兵遣将的符印号令之权;政治上设立政事堂,也就是中书门下,俗称东府,由同平章事(宰相)、参知政事(副相)等执掌政令,管理庞大的国家机器;财务上设立三司(盐铁、度支、户部),俗称计省,由三司使(计相)掌财政统筹调拨等一应事务。这对于过去无所不统的宰相一职实在是削减甚多。而这种叠床架屋式的官制由中央到地方都是如此,从根本上决定了官员数量的基数之大。

冗官的第二个原因是所谓厚待士大夫。高级官员在重大节日或者致仕(退休)时,其子嗣辈往往可以得到加恩,赐予官衔。这种门荫、恩荫出身的官员数量随着时间的推移越来越多,加之宗室不断开枝散叶,也是造成官员数量庞大的又一个重要原因。

冗兵的问题也在于祖宗成法。北宋立国之初,太祖赵匡胤之禁军南征北战,所向披靡。此后,朝廷将天下军队大体分为拱卫京畿的精锐野战部队禁军和卫戍地方的治安部队厢军。而每逢灾荒凶年,朝廷则将流民、地痞、无赖等潜在不安分之人招募入厢军之中,养之为兵,以为如此可不使民揭竿起义,预防民变,又可以绥靖地方,一举多得。于是到了苏轼出生的仁宗统治时期,厢军数量越来越多。仁宗皇帝景祐年间,厢军大约有438 000人,庆历年间有433 000人。而对比太祖赵匡胤之时,如他统治后期开宝年间,全国军队只有378 000人,其中禁军193 000人。但这不足20万的禁军战斗力却是后来的宋代军队所远远不如的。真宗时期,号称"养兵百万",到天禧年间,全国军队共有约912 000人。好大喜功的真宗留给仁宗的烂摊子实在是难以收拾。

冗费很大程度上是由以上两个问题而来的,庞大的官僚队伍和军队数量都需要巨额的财政支出来维持,因此这笔巨大的费用也就成了压在北宋政府肩上的一个难以解决又不得不正视的重担。

一、大宋难题　3

在这样一种外有群狼环伺、内有诸多困窘的国情下，苏轼诞生了。苏轼在四川眉州的山野间长大，他的秉性或许在很大程度上受到其母程氏的影响。《宋史》中说：

> 生十年，父洵游学四方，母程氏亲授以书，闻古今成败，辄能语其要。程氏读东汉《范滂传》，慨然太息，轼请曰："轼若为滂，母许之否乎？"程氏曰："汝能为滂，吾顾不能为滂母邪？"

这是讲苏轼十岁之后，由于父亲苏洵喜好外出游学，母亲程氏便亲自负责起他的启蒙教育责任，为他挑选书籍，让他博通历史，知晓古今成败的教训，而苏轼也聪慧非常，都能一点即通，明会要旨。有一次母亲为苏轼读《汉书·范滂传》，不禁深情叹息起来。范滂是东汉时期的名士，在当时便享有很高的社会声望，是个道德楷模般的人物，后来因为卷入宦官专权的党锢之祸中，面临被抓捕牺牲的杀头之祸。范滂不愿独自逃跑，连累母亲和县令，而是对母亲表示自己去九泉之下追随父亲，弟弟在世足以尽孝，恳请母亲不要哀伤过度。范滂的母亲不愧女中豪杰，回答说："汝今得与李、杜齐名，死亦何恨！既有令名，复求寿考，可兼得乎？"意思是说，你现在能够与李膺、杜密这样的贤士名臣齐名，就算死又有什么遗憾可言！既想要名垂青史，又要苟且偷生求个长寿平安，难道能够都得到吗？听着这个故事，苏轼就问："如果我是范滂，母亲能答应我舍生取义吗？"程氏回答："你能够成为范滂，我反而不能成为范滂的母亲吗？"

正是在这样一位知书达礼又浩然正气的母亲教育下，幼而聪慧的苏轼在经史子集的汪洋大海里惬意遨游，迅速从一个少年天才成长为博学书生。另一方面,四川乃天府之国,自战国李冰建都江堰之后,保持了长期的富足繁荣。唐安史之乱,玄宗西狩入蜀,公卿大夫亦有相随,更是将中原文化进一步带入蜀中。可贵的是,晚唐五代浮靡华艳的诗文风格在这里并没有如在中原和江南一般泛滥而难以收拾,大约因为得天独厚的地理位置,蜀中文人"通经学古,以西汉文词为宗师"(苏轼《眉州远景楼记》)。这就是说,西蜀的文风是宗法两汉的。南朝梁之刘勰(xié)在《文心雕龙》里认为,两汉之文风如贾谊、司马相如乃是任其俊逸之雄才;扬雄、班固等则是注重典籍经史之援引。这种传承在西蜀文人这里影响很大,这也是苏洵与二子苏轼、苏辙在诗文创作上能够不同于北宋当时许多文人士子的一大原因所在。而他们的这一风格,正符合时代文风的发展进步之方向。

故而,仁宗皇帝嘉祐元年(1056年),苏轼和弟弟苏辙在开封府府试顺利中举,次年参加礼部试,这次考试一旦成功就将进士及第,意味着科举之路终于走到了胜利的彼岸。

此次主持礼部试的主考官正是有名的天下文宗,文坛盟主欧阳修。欧阳修当时担任翰林侍读学士,品阶也达到礼部侍郎的级别,已经完全是中央大员了。欧阳修平日最厌恶古怪险涩、对浮艳的西昆体矫枉过正的太学体文风,想要借这一次的朝廷抡(lún)才大典杀一杀这股文坛歪风,同时也提拔真正写得一手好文章的士子,以为天下读书人定风气,立圭臬(niè)。

宋代科举,考卷在交由评审官员阅卷之前按例都由专人重新誊抄,并匿去姓名。当欧阳修阅卷时,一份写有"当尧之时,皋陶(gāo yáo)为士。将杀人,皋陶曰'杀之'三,尧曰'宥之'三。故天下畏皋陶执法之坚,而乐尧用刑之宽"的试卷深深吸引了他。读完这份辞简意远、古风傲然的策论，欧阳修不禁想点其为第一。但转念一想，这文章笔力如此老到精练，莫非是自己的学生曾巩所为？为了避免揭榜时瓜田李下说不清楚，便将这篇《刑赏忠厚之至论》点为第二名。

而实际上，这篇文章的作者正是苏轼。于是礼部试第二名的苏轼顺利参加礼部复试，在"春秋对义"中又获第一。然而最终在仁宗皇帝主持的殿试上，却莫名掉到了乙科，虽然与最终的一甲状元榜眼探花无缘，但仍然与弟弟苏辙一同"进士及第"——正式成为了国家统治集团的一员。

欧阳修作为当时的天下文宗，对苏轼诗文更是赞不绝口。他曾感叹："更三十年，无人道着我也！"他又曾问苏轼，皋陶曰"杀之"三，尧曰"宥之"三，这到底是典出何处？以自己的博学年长都不曾记得有哪本书中有如此典故。不曾想，苏轼率尔而对，说是"想当然耳"，是从《后汉书·孔融传》里推测而来，何必要有出处！

原来《后汉书·孔融传》里有这样一段记载：

> 初，曹操攻屠邺城，袁氏妇子多见侵略，而操子丕私纳袁熙妻甄氏。融乃与操书，称："武王伐纣，以妲己赐周公。"操不悟，后问出何经典。对曰："以今度之，想当然耳。"

欧阳修在那一刻一定是觉得自己英雄迟暮了，这真是后生可畏。他甚至曾在写给梅尧臣的书信中说，"吾当避此人出一头地"——这既是老文坛盟主谦虚的自叹弗如，也是他胸襟宽广，要提掖后辈，要让苏东坡有出头之日啊！（也有另一种说法，认为问苏轼三杀三宥典出何处的是梅尧臣。如龚颐正《芥隐笔记》等）

在欧阳修不遗余力的宣传下，苏轼的文名很快就传遍了京师汴梁的各个角落，一时间上到公卿士大夫的宅邸，下到勾栏酒肆，都争相传阅苏轼的文笔，要一睹文曲星的风采。

然而就在金榜题名的人生大得意之时，苏洵和他的两个儿子苏轼、苏辙知晓了程氏夫人去世的噩耗。按照古代的礼法，父母故去，在职官员必须要回故乡，在家中守孝二十七个月，称之为丁忧。于是从这一年六月起，苏轼不得不放下进士及第的喜悦之情，满怀着深沉的悲怆回到眉州丁忧守制。

三年不到的时间转瞬过去，由于父亲苏洵几次接到朝廷命他赶赴京师的诏书，苏轼便也随着家人一起收拾行装，去往汴梁。离开故乡时，胸中有丘壑、腹中有诗书的苏轼再也按捺不住满腔豪情，在《涪州得山胡次子由韵》中写道：

夜宿烟生浦，朝鸣日上峰。
故巢何足恋，鹰隼岂能容。

这显然是表达自己想要一飞冲天、展布高才的人生愿望了。

仁宗皇帝嘉祐五年（1060年）三月，抵达京师后苏轼被朝廷任命为河南府福昌县主簿（处理地方文书类工作的九品官）。苏轼很有个性地不去赴任，反而选择了辞官。这是因为第二年即将举行一次重大的考试——"制科"试。这是朝廷为了选拔极其出类拔萃的超凡人才特别开设的一种考试。制科难度极高，也不经常举行，北宋、南宋加起来国祚三百年，不过开制科二十余次，而过关的人仅四十余人，不足半百之数。并且，制科考试也不是随便可以参加，按例需经大臣推荐，先在秘阁(国家收藏书画古籍的机构)进行"阁试",过关后才可以参加制科考试。

值得一提的是,宋人俞文豹《吹剑四录》载:

> 东坡试《形势不如德论》,不知出处,《礼义信足以成德论》,知子由记不得,乃厉声索砚曰:"小人哉!"子由始悟出"樊迟学稼"注。

这则材料若属实,那么苏轼在"阁试"时甚至帮助苏辙作弊,真可谓胆子大得飞上天,毫无王法啊。这段故事是说苏轼阁试的时候大约看到弟弟苏辙苦思冥想,知道他不清楚如何写《礼义信足以成德论》,便厉声索要砚台说:"小人啊!"装作叫唤宫中小内侍的意思,实际是让苏辙醒悟,往《论语》"樊迟问稼"一章上思考。所谓"樊迟问稼"典出《论语·子路》:

> 樊迟请学稼。子曰:"吾不如老农。"请学为圃。曰:"吾不如老圃。"樊迟出。子曰:"小人哉,樊须也!上好礼,则民莫敢不敬;上好义,则民莫敢不服;上好信,则民莫敢不用情。夫如是,则四方之民襁负其子而至矣,焉用稼?"

这主要反映了孔子正名的思想,认为君子小人都应该各善其事,因此他的学生樊迟问种田,孔子推说自己比不过老农夫;问种菜,又说自己比不过老菜农,乃至于又评价樊迟,说他思想上不似志在治国平天下的士大夫,倒像个乡野小人。孔子认为只要统治者讲究礼义信,那么老百姓自然会敬服真诚,甚至他邦之民也要背着孩子来投奔这种实施王道仁政的国家。再看苏轼、苏辙所作的《礼义信足以成德论》，确实是围绕樊迟问稼来谈的。如苏轼开篇即说：

> 有大人之事，有小人之事。愈大则身愈逸而责愈重，愈小则身愈劳而责愈轻。綦(qí)大而至天子，綦小而至农夫，各有其分，不可乱也。"苏辙则写道："周衰……当时之君子思救其弊，而求之太迫，导之无术。故樊迟请学为稼，又欲为圃，而孔子从而讥之曰：'小人哉，樊须也！'"

因此只能说，以苏辙的学问，应当不至于想不到这一点，但考场紧张也或有可能；而以苏轼对苏辙的兄弟情深和其胆量之大，若子由确实一时下笔无方，他加以提醒，从逻辑上也是可能的。

次年，苏轼在"贤良方正能直言极谏科"中顺利通过，并取得了第三等的最高成绩。这是比状元还不容易的事情。在宋代制科考试中，一等二等的成绩都是不授予的，实际最高的名次就是第三等。《宋史》中说："自宋初以来，制策入三等，惟吴育与轼而已。"而实际上，吴育所得到的等第是第三次等，也就是能够得到的第二好的成绩，仍然是次于苏轼的。因此苏轼在当时成了北宋立国以来制科考试第一人。

那么苏轼的制科试究竟如何惊为天人，方被定为最高名次呢？苏轼在秘阁阁试和制科策试前后作了许多文章，其中尤以二十五篇《进策》为要，可以作为理解苏轼政治思想的一个重要切入口。

二十五篇《进策》分为以下几个部分：五篇《策略》、十七篇《策别》、三篇《策断》。我们不妨择其精要略探苏轼早年即形成的治国思想。

五篇《策略》乃是总说，从总体高度论述现今大宋遇到的诸多问题。

《策略一》说：

> 天下之患，莫大于不知其然而然。不知其然而然者，是拱手而待乱也。国家无大兵革，几百年矣。天下有治平之名，而无治平之实，有可忧之势，而无可忧之形，此其有未测者也。方今天下，非有水旱盗贼人民流亡之祸，而咨嗟怨愤，常若不安其生；非有乱臣割据四分五裂之忧，而休养生息，常若不足于用；非有权臣专制擅作威福之弊，而上下不交，君臣不亲；非有四夷交侵边鄙不宁之灾，而中国皇皇，常有外忧。此臣所以大惑也。

苏轼说，天下可忧可虑之祸患，没有比不知道祸患的成因而苟且因循更大的了。不知祸患成因而得过且过，这就好比束手无措，等待着大乱之到来。国家没有大的战祸兵戈已经数百年了（这是文学语言的夸张，实际到仁宗朝不过百年），天下空有太平盛世之名，但是却没有太平盛世之实，有值得忧虑的内忧外患之形势，但却没有因此而足以应对这些忧愁的样子，这就恐怕难免会有些不测之祸了。现在天下间，并没有频发水旱之灾、盗贼肆虐猖獗而流民转徙沟壑的灾祸，但是老百姓依然哀叹怨恨，好像时常不得安生；也没有乱臣贼子割据一方导致国家四分五裂的忧患，但是休养生息的政策下，朝廷似乎时常入不敷出；也并无权臣在朝廷里狐假虎威，夺人主之柄，但是往往消息壅蔽，上下之间缺乏信任沟通，君臣之间或有猜疑；甚至如今都没有因四方夷狄屡屡侵犯边境而烽火不息的灾祸，但是堂堂中国，居然仍常忧惧夷狄，这些都是臣大惑不解的原因。

> 其病之所由起者深,则其所以治之者,固非鲁莽因循苟且之所能去也。而天下之士,方且掇拾三代之遗文,补葺汉、唐之故事,以为区区之论,可以济世,不已疏乎!
>
> 方今之势,苟不能涤荡振刷,而卓然有所立,未见其可也。臣尝观西汉之衰,其君皆非有暴骜淫虐之行,特以怠惰弛废,溺于宴安,畏期月之劳,而忘千载之患,是以日趋于亡而不自知也。……苟人主不先自断于中,群臣虽有伊吕稷契,无如之何。

这两段苏轼说得非常露骨直接,同时也颇为切中问题的要害,可谓直言敢谏。他认为朝廷和国家的问题是由来已久的,是很深入各个层面的,要想扭转这种颓势,对内治理好天下万民,对外惩膺四方的夷狄,就绝不是鲁莽仓猝的拍脑袋瞎折腾或是因循苟且地混日子可以解决的。然而天下迂腐之人,还在拾人牙慧,搜罗三代的遗文章句,修订补辑汉唐的典章制度,认为这些不与时俱进的区区论调,能够用来济世安邦,不也是差得十万八千里了嘛!

因此苏轼进一步指出,现在的态势,如果不能如黄河之灌百川,涤荡泥沙,振兴奋发,一刷颓唐,而卓然有所创立,恐怕是看不到值得肯定的地方的。他曾经考察西汉衰颓的原因,其帝王并非都是有着暴虐放逸的不当举措,只不过是因为怠慢懒惰,荒废政务而沉迷于宴乐安逸,畏惧一月、一年之辛劳,却忘记了子孙后代的千秋之患,因此使国家一天天地走向灭亡却不知晓。……如果君王不能自己先有所决断,群臣中即使有伊尹、吕尚、稷、契之贤,也没有什么办法的。年轻的苏轼能够指出"天下有治平之名,而无治平之实,有可忧之势,而无可忧之形",这即便是在以宽厚著称的仁宗朝,也是颇为尖锐的。并且,他能够看到朝廷面对的问题之严重,说出绝不可能靠小修小补和在儒家的童话语境里寻章摘句而能有所改善,这也是很有胆识和气魄的。

《策略二》里说:

> 盖自近岁,始柄用二三大臣,而天下皆洗心涤虑,以听朝廷之所为,然而数年之间,卒未有以大慰天下之望,此其故何也?二虏之大忧未去,而天下之治,终不可为也。

苏轼提到的二三大臣和天下翘首而盼之事,应是庆历新政,此见下章分说。不留情面地指出仁宗庆历年间欲有所大作为而终归于失败,这又是苏轼一生直言的一个缩影。苏轼认为国家不能大治的根源和辽、西夏窥视在外大有关系。

> ……
>
> 今者二虏不折一矢,不遗一镞,走一介之使,驰数乘之传,所过骚然,居人为之不宁。大抵皆有非常之辞,无厌之求,难塞之请,以观吾之所答。于是朝廷汹然,大臣会议,既而去未数月,边遽且复告至矣。由此观之,二虏之使未绝,则中国未知息肩之所,而况能有所立哉!臣故曰:"二虏之大忧未去,则天下之治终不可为也。"

他因此批判了朝廷以钱财币帛与西北二虏媾和的举措。他说现在二虏不费一矢一簇,几乎是一箭不发,派个蛮夷使节,驰驿而来,所过之处引起各种骚动,士民为之不能安宁。这些虏人之使臣大多都是以不符合常理的言辞,提出贪得无厌的要求和难以推搪塞责的请求,从而来观察我方的应对答复。在这种情况下朝廷为之议论纷纷,喧嚣汹涌,大臣会议再三。(满足了他们的无耻要求后)二虏使臣离开之后,尚未数月,边疆之烽烟又传来了。从这一点看,二虏索要好处的使臣不绝,那么中国就没有卸下负担的时日和地方,还谈什么有所卓越的创立呢?所以他重申,二虏的大患不除,天下终归是难以大治的。

以上意见大体上也是切中时弊的,随后苏轼提出效仿古代"行人"之官,专设一官职处理二虏之事,这就有些相当于现在所谓的外务大臣了,应当说也具备一定的合理性。

《策略三》里又说:

……臣窃以为当今之患,虽法令有所未安,而天下之所以不大治者,失在于任人,而非法制之罪也。

……夫有人而不用,与用而不行其言,行其言而不尽其心,其失一也。古之兴王,二人而已。汤以伊尹,武王以太公,皆捐天下以与之,而后伊、吕得捐其一身以经营天下。君不疑其臣,功成而无后患,是以知无不言,言无不行。其所欲用,虽其亲爱,可也;其所欲诛,虽其仇隙,可也。使其心无所顾忌,故能尽其才而责其成功。及至后世之君,始用区区之小数以绳天下之豪俊,故虽有国士,而莫为之用。

这里就牵涉一个法治和人治的问题。苏轼认为虽然现在国家法

一、大宋难题　　13

度未臻完善,但是天下不能大治的根本原因在于用人不当,而不是法令制度的问题。

他说,假如有贤人而不能用,又或者任用贤良却不采纳施行他的意见方针,乃至于施行其意却不能尽心贯彻,这种错误都是大同小异的,均为造成问题的因素之一。苏轼举例说,三代时商汤和周武能够强大而称王于天下,两个君主加起来不过重用了两个大臣罢了。成汤依靠伊尹,武王依靠太公望,他们都把整个天下交付给后者来治理,这样之后伊尹、吕尚才能够奉献自己一身的才智来经营管理天下。君王不怀疑他的重臣,那么功业大成之后为人臣子的也没有兔死狗烹的后患需要担心,因此得到重用的贤良之臣就会知无不言,而好的建言建策又被一一实行。这些秉政用事的大臣想要任用提拔的,即使是他们亲近信爱的人,君王也认可之,不加迟疑;反之他们想要罢黜诛罚的,即使是和他们有私人仇怨的,君王也从来不疑。这样就使得用事大臣效忠国事的心可以无所顾忌,所以能完全发挥他们过人的才干而要求其有成功之日。等到后来之君王用人时,仅仅用区区小伎俩来妄图驾驭天下豪杰,所以即使有国士无双的人才,朝廷也没办法用得上。

这段意见粗看确实很有说服力,雄辩难驳,但实际上姑且不论把国家治理得好坏,寄托在用人的贤愚得当与否,而不是制度本身的保障上这种看法的对错,只说其中提到的用人不疑这一点,就不符合宋朝的实际情况。宋代有意要削弱相权,前文已述,观宋太宗时,此意图尤其明显。如太平兴国六年(981年),置差遣院分中书人事任免之权;淳化二年(991年),置审刑院分中书司法之权。有宋一代,祖宗家法中讲究一条"异论相搅",作为真宗的儿子,仁宗岂能不知此帝王心术?而苏轼居然提议要如三代汤武之用伊、吕那般将军政大权都交付给所谓国士,垂拱而治,用人不疑,这是完全违背宋朝最高统治者意愿和当时实情的。这一条反映了苏轼在政治上或许仍然是比较天真的。

《策略四》里说:

> ……古之所谓中庸者,尽万物之理而不过,故亦曰皇极。夫极,尽也。后之所谓中庸者,循循焉为众人之所能为,斯以为中庸矣,此孔子、孟子之所谓乡原也。

苏轼又批判了如今官僚士大夫中多有所谓孔子厌恶的"乡原"。《论语·阳货》中孔子曾说:"乡原,德之贼也。"所谓乡原,大约即是那些高谈阔论而寡廉鲜耻的伪君子,他们往往又能合于流俗,形成一股败坏风气的力量。苏轼说,古人所说的中庸,是体悟遵循了万物的规律而不过之,所以称之为大中至正之道。后来的中庸,不过是苟且地做大家都能做的那些庸俗之事,把同流合污自认为是中庸,这不过是孔孟批判的乡原罢了。对官僚阶级的道德水平,苏轼确乎是从年轻时就持谨慎保留的意见。

《策略五》则是从中央里的将相宰执、扈从侍读,地方上的太守刺史、小吏、百姓五个方面讲了要"深结天下之心"的问题。

我们再来参看其十七篇《策别》中的片段,来考察苏轼的性格。

《策别一》中说:

> 臣闻为治有先后,有本末,向之所论者,当今之所宜先,而为治之大凡也。若夫事之利害,计之得失,臣请得列而言之。盖其总四,其别十七。一曰课百官,二曰安万民,三曰厚货财,四曰训

兵旅。课百官者,其别有六。一曰厉法禁。

苏轼提出了四个方面的治国意见,即:课百官、安万民、厚货财、训兵旅。而关于课百官,他又提出六个小的层面,第一点尤为反映他的吏治思想,曰厉法禁。

……

夫天下之所谓权豪贵显而难令者,此乃圣人之所借以徇天下也。舜诛四凶(一说为"于是舜归而言于帝,请流共工于幽陵,以变北狄;放驩兜于崇山,以变南蛮;迁三苗于三危,以变西戎;殛鲧于羽山,以变东夷:四罪而天下咸服"。一说为"昔帝鸿氏有不才子,掩义隐贼,好行凶慝,天下谓之浑沌。少皞氏有不才子,毁信恶忠,崇饰恶言,天下谓之穷奇。颛顼氏有不才子,不可教训,不知话言,天下谓之梼杌。此三族世忧之。至于尧,尧未能去。缙云氏有不才子,贪于饮食,冒于货贿,天下谓之饕餮。天下恶之,比之三凶。舜宾于四门,乃流四凶族,迁于四裔,以御螭魅"。皆出《史记·五帝本纪》)而天下服,何也?此四族者,天下之大族也。夫惟圣人为能击天下之大族,以服小民之心,故其刑罚至于措而不用。

苏轼说,天下所谓的权贵豪右而对朝廷政令阳奉阴违的这些人,正是古代圣人明君用来借以(严惩)而向天下示众的。舜放诛浑沌、穷奇、梼杌(táo wù)、饕餮(tāo tiè)而天下服膺,这是为什么呢?因为这四个人的家族,乃是天下的大族。只有圣人有这种能力和魄力去打击天下豪强大族来收服底层小民之心,所以能够国家大治(因为人人遵纪守法、安居乐业),最终刑罚都可以置而不用。

周之衰也,商鞅、韩非峻刑酷法,以督责天下。然其所以为得者,用法始于贵戚大臣,而后及于疏贱,故能以其国霸。由此观之,商鞅、韩非之刑法,非舜之刑,而所以用刑者,舜之术也。后之庸人,不深原其本末,而猥以舜之用刑之术,与商鞅、韩非同类而弃之。法禁之不行,奸宄(guǐ)之不止,由此其故也。

……

今夫大臣有不法,或者既已举之,而诏曰勿推,此何为者也?圣人为天下,岂容有此暧昧而不决?故曰:厉法禁自大臣始,则小臣不犯矣。

苏轼说,周王朝衰落,失去掌控诸侯和天下的力量之后,商鞅、韩非都主张严刑峻法,用以督察责罚天下之人。但是他们的理论之所以能实施成功,在于其严刑峻法颁布之初,是从亲贵勋戚、元老重臣之类的人身上开始的,这样以后才能够把严厉的法令扩展到关系疏远、地位低下的那群人中,使得他们也谨遵律法,所以能够以其国家成就霸业(商鞅曾对秦孝公之兄长公子嬴虔施以割去鼻子的"劓刑")。由此观之,商鞅、韩非的刑法,并不是舜的刑法,他们用来施展自己刑法的办法,是从舜的刑术中学到的皮毛。后来的庸人,不深刻地追根溯源,知晓其中的本末主次,却随便地把舜的用刑之术和商鞅、韩非的当成一类而弃用。国家律法命令不能推行到位,奸邪凶坏之人不能遏止,都是因为这个缘故。

……

现在有大臣犯了律法,有的已经被弹劾举报了,但是陛下却诏令不要推究深察,这是为了什么呢?圣人治理天下,难道可以容许这样

一、大宋难题 | 17

暧昧不明,不加以严肃的决断吗?所以,要想让国家律法令行禁止就必须从督责大臣开始,这样小臣就不敢犯了。

我们从中可以看到,苏轼大约受到其父苏洵"纵横家"气质的影响,并非是一个"纯儒",并且十分鄙夷迂腐儒生认为礼乐文治与严明法律相冲突矛盾的看法。他在关于如何治国的问题上,尽管以为商鞅、韩非不足取,却从严刑峻法的手段上找到了更不容置疑的上古圣王典范舜作为理论依据,这是他思想中带有法家色彩的一面。更值得注意的是,他反对"刑不上大夫"的目的是要落实律法的权威性,他主张"厉法禁自大臣始",无疑说明他在政治上实际也存在着一定的激进浪漫的理想。如果苏轼当国,且仍然以自己年轻时的这些想法作为施政纲领,那么恐怕反对喧嚣的声音会更加鼎沸朝野吧?然而能认识到既得利益团体对朝廷律法的破坏导致朝廷权威的日削月朘,上下皆欲不遵律法,并认为要对不法的贵戚大臣首先动手以警示天下,这仍然是颇有勇气的。

《策别二》中说:

> 其二曰抑侥幸。
>
> ……
>
> 国家自近岁以来,吏多而阙少,率一官而三人共之,居者一人,去者一人,而伺之者又一人,是一官而有二人者无事而食也。且其莅官之日浅,而闲居之日长,以其莅官之所得,而为闲居仰给之资,是以贪吏常多而不可禁,此用人之大弊也。

苏轼说,国家近年以来,官吏众多,而可补的差遣却很少,大致一个官职差遣有三人共之,实际居官办事的有一人,离职的有一人,而等候补缺的又一人,这就是一个职位上有一官和两个无事可做却拿着俸禄的人。况且,这些等着补缺的人即便以后做官,那么他们到官任职的时日尚短,而闲居等待的日子很长,以他们到官之后各种所得的钱财利益,来作为过去闲居所费的依靠之资,因此贪官污吏常常多不胜数,难以禁遏,这是用人的大弊啊!

此一策是说冗官。苏轼从来对官僚阶层的道德品质没有太多幻想,这是难能可贵的一点。他指出宋朝的制度导致拿俸禄的闲人极多,而漫长的等待补缺又令好不容易做到位子上的人拼命搜刮民脂民膏,这些现象在仁宗朝都已经较为泛滥。

《策别三》中说:

> 其三曰决壅蔽。
> ……
> 天下有不幸而诉其冤,如诉之于天;有不得已而谒其所欲,如谒之于鬼神。公卿大臣不能究其详悉,而付之于胥吏,故凡贿赂先至者,朝请而夕得;徒手而来者,终年而不获。至于故常之事,人之所当得而无疑者,莫不务为留滞,以待请属。举天下一毫之事,非金钱无以行之。

苏轼说,天下有遇到不幸之事而诉冤的人,其难度犹如对着没有回应的上天诉冤一样。有不得已的事情要到州府衙门来解决的,难度犹如拜谒鬼神。公卿大臣们不去细究整件事的细节,而全部交给底下的书办小吏。所以凡是贿赂先送到的人,那么早上递上状子,晚上就能得偿所愿;空手而来有冤屈的苦主,有一整年都得不到音信回应的。至于本为惯例的寻常之事,百姓所应当得到及时处理的,也没有一件不想尽办法拖延敷衍的,以待百姓们无可奈何地带着钱财来请托走后门。全天下哪怕一丝一毫的小事,几乎都是没有金钱就寸步难行。

从这一策中我们又可以知道仁宗朝末年,贪腐怠政之风已经愈演愈烈,到了没有钱就啥事都办不成的地步。也可以看出,苏轼是十分关心与民生息息相关的事情的。

《策别四》中说:

> 其四曰专任使。
> ……
> 臣窃以为今省府(三司与开封府之俗称)之重,其择人宜精,其任人宜久。凡今之弊,皆不精不久之故。……然则是为省府者,能与不能,皆不得久也。夫以省府之繁,终岁不得休息,朝廷既以汲汲而去之,而其人亦莫不汲汲而求去。夫吏胥者,皆老于其局,长子孙于其中。以汲汲求去之人,而御长子孙之吏,此其相视,如客主之势,宜其奸弊不可得而去也。

苏轼说,他认为现在朝廷的三司和开封府十分重要,这些部门选择长贰官员应该要注意精良贤明,任用时间适合长一些。现在的许多为政之弊端,都是因为官员择选不精、任职不久所造成的。……但是现在担任三司和开封府官职的官员,不管能力高低好坏,都不能久任。以三司和开封府政务的繁重,几乎整年不能好好休息,既然朝廷急于调动官员任免,那么这些官员也没有不是急着混完三年磨勘就升迁走的。而三司和开封府的小吏,都是对于具体繁琐的事物十分圆滑老练的,因为他们几乎世代钻营在其中。以急于混完磨勘走人的官员,去驾驭子孙世代成长在省府细务中的小吏们,这样看来,就犹如主客的形势,其中奸弊之事难以革除也是很理所应当的啊。

苏轼能够指出自古以来官员难破胥吏相结,鱼肉人民的困境,是他对政治弊病有着深刻认识的一个方面。有宋一代尤其注意限制中高级京师要害部门官员之权力,不仅调任频繁,多有不满三年磨勘即被调走的,因此苏轼想要让朝廷改变这一局面,令贤良官员得以久任其职,这是违背宋代帝王之心术的。

《策别五》曰"无责难"。

苏轼说朝廷往往"责人以其所不能,而其所能者,不深责也"。亦即是说,朝廷如今的法度和规矩常常拿难以做到的事情来要求官吏们,但是对于官吏们真正应该好好为百姓、君父做到而且能够责成做到的事情,又疏于考察问责。因此他反对当时举荐官员的连坐法,即假如你举荐之人他日不法,你要被终身问责。苏轼认为"且夫人之难知,自尧舜病之矣"。

《策别六》里说:

六曰无沮善。

……世之贤者,何常之有? 或出于贾竖贱人,甚者至于盗贼,往往而是。而儒生贵族,世之所望为君子者,或至于放肆不轨,小民之不若。圣人知其然,是故不逆定于其始进之时,而徐观其所试之效,使天下无必得之由,亦无必不可得之道。

……今夫制策之及等,进士之高第,皆以一日之间,而决取终身之富贵。此虽一时之文辞,而未知其临事之否,则其用之不已太遽乎!

苏轼说,世间的贤人,他们的出身难道有一定的阶层吗?有的出身于商贾贱籍等,甚至曾为匪盗贼寇,往往有这样的情况。反倒是儒生贵族,这些世人所指望他们成为君子的人,有的放肆不法,恶贯满盈,连不识文字的小老百姓都不如。圣人明白这个道理,因此不在任用之初有先入为主的臆断揣测,而是慢慢地观察他们为政做事的结果,使天下没有轻易得到的官职,也没有一定不能为官的道理。

现在制策的等第高低,进士的登第与否,都几乎在一日之间,就决定了一个人终身的富贵。而他们考试时只是一时的文章言辞,还不能知道他们面对具体事务处理得当与否,如此就迅速任用,也是太着急了!

可见,苏轼反对以出身论英雄,而是颇有一种英雄不问出处的识人观。并且,能够指出如今不少贵戚士大夫和读书人虚伪无耻,这也是语出惊人的。他甚至对科举取士的抡才大典提出了自己的质疑。

《策别七》以下六策为安万民之策。其中"敦教化"一策议论尤其精辟深刻,在后来的朝代问题中也完全具有代表性。

> 其一曰敦教化。
> ……昔武王既克商,散财发粟,使天下知其不贪;礼下贤俊,使天下知其不骄;封先圣之后,使天下知其仁;诛飞廉、恶来,使天下知其义。如此,则其教化天下之实,固已立矣。天下耸然皆有忠信廉耻之心,然后文之以礼乐,教之以学校,观之以射飨,而谨

之以冠婚丧祭,民是以目击而心谕,安行而知得也。及至秦、汉之世,专用法吏以督责其民,至于今千有余年,而民日以贪冒嗜利而无耻。儒者乃始以三代之礼所谓名者而绳之!彼见其登降揖让盘辟俯偻之容,则掩口而窃笑;闻钟鼓管磬希夷啴(chǎn)缓之音,则惊顾而不乐。如此,而欲望其迁善远罪,不已难乎?

苏轼仍然从三代之中寻找依据。他说过去周武王已经成功推翻了商朝,便大开府库粮仓,散发财货粮米,使得天下士民知道新的王朝无有贪利之心;对待贤良俊杰又能礼贤下士,使得天下知道武王为首的统治阶层无骄横之气;敕封商汤后裔,使得天下知晓他的仁德;诛杀纣王身边作恶的重臣飞廉、恶来,使得天下知晓他的正义。如此,新的朝代教化天下的基础和实质已经确立了。天下便敬畏而都有忠信廉耻之心了,这样以后再用礼乐文治来修缮,建设学校来教导士民,以射术飨宴的礼节来给民众观瞻,并谨严地定下冠礼、婚丧、祭祀的规矩,人民亲眼目睹便会心里明白,诚心归服,好好遵行而知晓道理了。等到后来秦汉之世,专门用提倡严刑峻法的官吏来督责他们的百姓,到现在已有一千多年了,但是老百姓们却一天天因为贪婪好利而变得越来越无耻。儒生们竟然只用三代的礼法,所谓的名教就想去规范引导和约束人民!老百姓们看到这些腐儒登阶下阶来回揖让的礼仪和盘旋进退低头屈背的样子,就忍不住要捂着嘴巴偷偷嘲笑;听到钟鼓管磬幽眇玄妙或柔和舒缓的音乐声,就因为不能欣赏而惊讶地左顾右盼,毫无喜乐于此的意思。像这样,却要期望老百姓们能向善远罪,不也太难了吗?

臣愚以为宜先其实而后其名，择其近于人情者而先之。今夫民不知信，则不可与久居于安。民不知义，则不可与同处于危。平居则欺其吏，而有急则叛其君。此教化之实不至。天下之所以无变者，幸也。欲民之知信，则莫若务实其言。欲民之知义，则莫若务去其贪。往者河西用兵，而家人子弟皆籍以为军。其始也，官告以权时之宜，非久役者，事已当复尔业。少焉皆刺其额，无一人得免。自宝元以来，诸道以兵兴为辞而增赋者，至今皆不为除去。夫如是，将何以禁小民之诈欺哉！

因此苏轼说，他认为应该先做好实质的工作，然后才追求形式上的礼法规矩，并注意要选择其中近于人情的先推广施行。现在老百姓们不知道忠信，就没法和他们长久地保持太平安稳的状态。另一方面，老百姓不知道仁义，就不能够指望和他们共同渡过国家的难关。老百姓会平日无事时想方设法欺弄地方官吏，天下危难之时就想着背叛君父以偷生。这是因为教化的实质没有做到啊。现在天下能够没有大的骚乱变动，不过是侥天之幸啊！想要让老百姓知晓忠信，就必须朝廷自己致力于言而有信。想要人民知晓仁义，就必须朝廷自己努力去除贪念。过去河西用兵，当地百姓子弟都入军籍成为士兵参军。起初，朝廷明确宣布说不过是权宜之计，并不是长久服兵役，战事结束就将恢复被征入伍的百姓原本各自的平民身份，可以各归本业。不久却都在他们额头上刺字从军（作为长期服役的标志），没有一人能够幸免。自陛下宝元年间以来，诸路以军事紧急为言辞而诡称临时增加的税赋，到现在都没有取消。如此，又如何禁绝小老百姓的欺诈之心呢！

古之设官者,求以裕民;今之设官者,求以胜民。天地之间,苟可以取者,莫不有禁。求利太广,而用法太密,故民日趋于贪。臣愚以为难行之言,当有所必行。而可取之利,当有所不取。以教民信,而示之义。

苏轼进一步分析,古代设置百官的目的,是为了让人民丰裕,现在设置百官的目的,是要压制、管控住民众。天地之间,只要有可以取而获利的资源,朝廷没有不是设立法律严禁私贩而采取国家榷卖的专营手段的。朝廷追求利益的范围太大,而用法又太繁密,所以反而导致老百姓因为困窘不堪而不得不一天天地越来越贪婪。他认为这些难以一一施行的逆耳忠言,实在是有必须次第施行的必要。而朝廷可以巧取豪夺的利益,也实在是有应当让利于民,不取而禁止的必要。用这些来教老百姓真正的忠信,并向老百姓们展现真正的仁义。

此策的论断真是鞭辟入里,发人之所不能发,言人之所不敢言。苏轼指出朝廷嘴上说一套、手上做一套的两面派行径根本别想让老百姓学好。百姓只会对朝廷见利忘义和背诺食言的丑态咬牙切齿。如果朝廷行事不注重实质,只在乎虚礼等形式,那么不仅仅这些繁琐的名教礼法和老百姓们生活脱节,并且处于饥饿困苦之中的人民根本不会有去恶向善的念头,反而会为了温饱而无所不作。能严苛地、不留情面地指责朝廷过去的施政之失,甚至指名道姓批评河西用兵等事,这无疑像是在打仁宗皇帝的耳光,但是苏轼仍然大胆甚至颇为放肆地写了,这就说明他是一个真正爱民忠君的君子,并且他深刻地揭露了上梁不正而下梁必歪的道理,把这个浅显又深刻的事实和看法不容置疑地摆在了皇帝的面前。壮哉!苏轼!

《策别八》则是议论百姓亲睦;《策别九》是为"均户口",说的是建议迁徙士大夫之家族眷属于荆、襄、唐、邓、许、汝、陈、蔡之间,以均户口,此为因人之情;凶年招募乐于迁徙的饥民,此为因时之势。《策别十》是为"较赋役",说的是建议根据田地买卖的合同契约来重新推定田赋,防止地方豪右兼并土地而又偷逃税赋。《策别十一》是为"教战守",此谓辽、夏无厌,与宋必至于战。当于庙堂尊尚武勇,于乡里操练民兵。庶能御一旦之危,而挫禁军厢军骄慢之心。

《策别十二》又颇可注意和玩味,其中说:

其六曰去奸民。

……

宜明敕天下之吏,使以岁时纠察凶民,而徙其尤无良者,不必待其自入于刑,而间则命使出按郡县,有子不孝、有弟不悌、好讼而数犯法者,皆诛无赦。诛一乡之奸,则一乡之人悦。诛一国之之奸,则一国之人悦。要以诛寡而悦众,则虽尧舜亦如此而已矣。

这一段话看起来可能会让一些持民粹主义和"圣母心"的人对大诗人苏轼恨得情难自抑。

苏轼说应该明下诏令,敕责天下官吏,让他们每年都要纠劾审察凶悍不法的民众,将其中特别情节严重的恶徒迁徙走,甚至可以不必等待他们自己犯了法(就预先处置);同时要不时派遣专员到地方上按察郡县,发现有子女不孝、为弟不悌、喜好诉讼又屡次犯法的,都诛罚不赦!诛罚了一乡之地的奸人,那么一乡的民众就会高兴。诛罚一国之地的奸人,那么一国百姓都会高兴。概括来说,关键就在于能够诛罚少部分人而令绝大多数人欢心,那么即便是尧舜治国,也不过是如此罢了。

此策去奸民之论,如果放在当代的环境下去苛责苏轼的话,似乎有些严刑峻法甚至封建专制、镇压人民的意味。然而理解历史并不是要站在后人的时代里对古人横加指责,仍然应该把古人放在当时的背景中去理解和思考。苏轼难能可贵的地方在于,他既不对官僚阶级的道德素养抱有过高的估计,甚至可以说不惮以一定的批判精神去揣测官吏们;对于底层的平民百姓,他也没有不切实际的幻想,始终从实际出发,这或许恰是一个政治人物应有的态度。

《策别十三》与《策别十四》均为论厚财货之方,这里就暂且不表,容待讲述熙宁变法时与之作一对照。

《策别十五》至《策别十七》论训兵旅之策。训兵旅者,其别有三:一曰"蓄材用"(谓当以正确适当之方法储蓄培养军事人才);其二曰"练军实"(此谓当淘汰老弱兵卒,重定募兵之法,简选青壮之丁,准十年退役等);其三曰"倡勇敢"(此曰当优待和提倡勇武贤能之人)。

这三策都针对当时宋代的募兵制弊病,有的放矢,指出方今天下,士卒壮老混杂,偷惰不堪一战;将帅苟且营私,无奋死向前之心;对于军事人才之培养亦缺乏正确方法。可惜的是,有宋一代就是要令将不知兵,兵不知将,这些意见虽切中时弊,但均难以一一实行。

三篇《策断》均是议论御戎之事,集中体现了苏轼对于大宋和西夏、辽国的军事、外交方面的认识。

《策断一》中苏轼提出朝廷应当掌握与夷狄和战的主动权,不可示敌以弱,唯图欢好于币帛樽俎之上。也就是说,苏轼认为一味的求和必然适得其反,因为夷狄都是贪得无厌,劫掠成性,又来去如风的,不可因一纸合约就丢掉了警惕性和制敌的主动权。

《策断二》中苏轼认为，御戎当先易后难，故因先夏而后辽。克夏之策，在于分兵频出，令党项疲于奔命。

《策断三》论契丹之形势。此论从春秋吴用楚巫臣习射御而终为越所亡及晋末匈奴刘渊、氐(dī)人苻坚、羯人石勒之败，论证契丹效法中国之制，乃邯郸学步，为自陷落网也。又论契丹境内中国士大夫与百姓处乎夷狄之间者，多有知义向正之心，而我可用以疏离其君臣，战则收其投效之利。

以上三策，反映苏轼在年方二十六岁之际，已经对大宋周边形势有了较为深刻的思考和心得，能够从敌我形势，彼此优劣等角度向仁宗皇帝提出具备一定系统性的观点。其中不乏符合当时问题之本质，甚至符合历史发展方向的预见，这也就难怪仁宗皇帝为之赞叹不已，而定为制科最高等第——第三等了。

崇政殿策试之后，苏轼被除授凤翔府签判，给予大理评事的京官品级，属正八品，签判的职务在工作方面主要是协助州郡长官处理政务及文书案牍。自此，苏轼正式开始了一个地方官员的生活。而对于他来说——虽尚未意识到——身上已经打下了欧阳修、韩琦、文彦博、富弼这一系元老重臣的烙印，这将对他的一生产生难以抹去的影响。

大宋面临的难题，苏轼的座师欧阳修曾努力过，韩琦、富弼都曾意气风发。苏轼未曾有缘得见的范文正公——范仲淹，更是这一切的主导者。然而，大宋的难题在这些宰辅名臣的群策群力下并没有得到有效解决。

而苏轼的仕途和大宋兴衰的拐点刚刚拉开帷幕。

二
庆历熙宁

在苏轼年不满十岁之时,仁宗庆历年间正在发生一系列关系到国家兴衰的重大事件。庆历三年(1043年)八月,深负天下人望的范仲淹入中枢,拜为参知政事(副宰相),富弼除枢密副使。仁宗皇帝开天章阁向范仲淹询问治理大政的对策。范仲淹之后上《答手诏条陈十事》,明确提出了十个办法来进行改革,挽救陷入因循苟且、内外交困局面的大宋江山。这十个办法分别为:明黜陟(chù zhì)、抑侥幸、精贡举、择官长、均公田、厚农桑、修武备、减徭役、覃(tán)恩信、重命令。

仁宗皇帝深以为然,于是一场史称"庆历新政"的改革运动诞生了。范仲淹在当时的朝野间享有极高的声誉,被认为是道德文章方面的楷模和翘楚,在军事上也曾让西夏人不敢小觑(qù)。同僚中富弼、韩琦、欧阳修、滕宗谅等青史垂名的大人物都以他为意见领袖,自觉或不自觉地以他为核心。范仲淹曾在秘阁校理这种八品左右的职位上慨然向当时垂帘听政的章献太后上疏,声称不应当让仁宗皇帝在前朝为皇太后祝寿,而是应当在内廷进行这种"事亲"的仪式;甚至随后又上书要求章献太后还政给年轻的皇帝。

曾经位卑尚且未敢忘忧国,如今一朝入参大政,成了实际主导朝政的副宰相,范仲淹更要为了天下黎民和国家朝廷一展才能。然而从庆历三年八月算起,到庆历五年年初被罢免参知政事,"庆历新政"从开始到失败也不过一年半不到的时间。范仲淹的条陈十事作为新政的总纲领,我们可以从中看出庆历新政对于大宋的改革远不是一场深度而全面的外科手术,而只是主要停留在吏治层面的缝缝补补。如其中的"明黜陟""抑侥幸"都是针对冗官问题而来的解决办法。明黜陟是为了重定文官三年武官五年的磨勘制度,过去宋代官员就算尸位素餐,无所作为,文官任期满三年,武官满五年,就往往可以按程序升官,因此范仲淹认为要重视考察官员的任期成绩,越次提拔成绩卓越的,罢免懒政不作为的。"抑侥幸"则主要针对宋朝门荫的滥官现象,当时官员们在国家重大节日乃至退休和辞世时都可以荫及子孙,甚至连门客都能得到一官半职,范仲淹提出新的荫补制度,削减恩荫出身的官员数量。

　　已经吃在嘴巴里的蛋糕你要叫人吐出来,并且以后都不给你吃了,这就是要让人家和你拼命了。于是各种各样反对庆历新政的声音都冒出来了,各种各样卑鄙无耻的手段都使出来了。从揭发《岳阳楼记》里提到的滕子京,也就是滕宗谅滥用公使钱(北宋朝廷拨发给高级官员的特殊公款,可以用来招待宴请和犒赏、修建乃至边境上投资生利以充实军用),到曾任陕西经略安抚使的夏竦阴谋诬蔑,可以说无所不用其极(当时夏竦本可担任枢密使,因为被台谏官反对而怀恨在心,暗中令家中女奴模仿石介笔记,伪造石介为富弼起草废立皇帝的诏书)。

　　范仲淹可以在皇帝面前坦荡磊落地回答君子结党无害国家(《续资治通鉴长编》庆历四年四月:"戊戌,上谓辅臣曰:'自昔小人多为朋党,亦有君子之党乎?'范仲淹对曰:'臣在边时,见好战者自为党,而怯战者亦自为党,其在朝廷,邪正之党亦然,唯圣心所察尔。苟朋而为善,于国家何害也?'"),欧阳修也可以在《朋党论》里高谈"用君子之真朋,则天下治矣",但是他们没有办法在涉及皇权的问题上不忧惧请退。在沸反盈天的谣言中伤和无端诬陷之中,范仲淹等人只好自请出外,上书请求解除宰执的职务。

嘉祐六年(1061年),苏轼任凤翔府签判,这离庆历新政宣告失败已经过去了十五年。北宋面临的问题并没有得到任何实质层面的解决,反而日趋窘迫。他在嘉祐七年到官后写了一封《凤翔到任谢执政启》给首相,就能看出一些地方上百姓面对的困窘。其中说:

> 右轼启。违去轩屏(堂阶旁的墙壁。大约是指首相所在的都堂、政事堂之谓),忽已改岁。向风瞻恋,何翅(即何啻,不止也)饥渴。前月十四日到任,翌日寻已交割讫。轼本凡材,缪承选取。忽从州县,便与宾佐。扪躬自省,岂不愧幸。伏自到任已来,日夜厉精。虽无过人,庶几寡过。伏惟昭文相公,素所奖庇,曲加搜扬(访求举拔)。既蒙最深之知,遂有自重之意。所任佥署一局,兼掌五曹文书。内有衙司(即牙司。掌州府衙前差遣等事务),最为要事。编木筏竹,东下河渭;飞刍挽粟,西赴边陲。大河有每岁之防,贩务有不蠲(juān)之课。破荡民业,忽如春冰。于今虽有优轻酬奖之名,其实不及所费百分之一。救之无术,坐以自惭。惟有署置之必均,姑使服劳而无怨。过此以往,未知所裁。

这封信是写给当朝宰相韩琦的。韩琦在嘉祐三年(1058年)除同平章事,拜相,六年进昭文馆大学士,成为首相。而韩琦也是与欧阳修一样曾对苏轼多有褒奖帮助,因此苏轼在信中口吻也是较为谦卑。这一方面是当时向执政谢启的一种惯常文辞;另一方面也确乎是苏轼对韩琦颇有感激之心,如去年制科试时弟弟苏辙偶然抱恙,本来无法参加,韩琦因爱才居然特地为此向仁宗皇帝请示延期考试。故而我们不能将信中语言理解为苏轼向宰辅大臣阿谀奉承。

信中说:我离开东京,与在政事堂里执掌国柄的您分别以来,转眼已经到了嘉祐七年了。我循着汴梁方向吹来的风思念您,其中深挚拳拳,何止是犹如饥渴之人求水之心?前月十四日到达凤翔府,次日不久已完成交割。我本是平凡才具,(蒙君父与朝廷不弃)机缘之下错谬地通过了国家选取俊杰的抡才大典。忽然之间就得以赴职州县,成为辅佐长官的签判。摸着良心自我反省,难道不是很惭愧侥幸吗?到任以来,日夜勤勉振奋。虽然没有什么过人之功,希望也不会有太多过错。想到昭文相公您,一向对我奖掖庇护,周全地加以搜扬侧陋。蒙您至深之知,于是便也有了些自我重视(要为朝廷效犬马之劳)的意思。在凤翔我任职签书判官厅公事,执掌府衙五曹的文书工作。衙司所管辖的衙前役一事正在我职分之内,此事在地方上最为紧要。我看到当地百姓为了应对衙前役,不得不辛苦砍伐终南山之树木,编成木筏,东下渭水而入黄河,运送至京师;又不得不尽其所能,尽快将粮草向西北运送,往至边境军屯之所。渭水、黄河每年都有河防的徭役要老百姓去承担;小商小贩们又有许多从不蠲免减除的赋税。这就导致老百姓们破家荡产,底层的困窘已经到了有如春冰易碎的境地!现在虽然有一些名义上轻松的徭役和酬奖,但实际上不及百姓其中所费所耗的百分之一。我救民无术,只能坐着自觉惭愧。只有在处置衙前役的公务时尽力做到平均分配,姑且使得小民服徭役而无怨言。超过这一程度的,我就不知道如何去做了。

从这封信中我们可以看到当苏轼第一次实际接触到基层事务之后,他立刻发现了民众苦于衙前役的惨状,并且不厌其烦地在给首相韩琦的信中详细分说。照理说,谢启不过是一种官场惯例书信,是下级对上级的一种敬重之礼,但苏轼却在其中指斥朝廷徭役之失,对百姓的真正关爱,不难见矣。

《宋史·苏轼传》中说:

> 除大理评事、签书凤翔府判官。关中自元昊叛,民贫役重,岐下岁输南山木筏,自渭入河,经砥柱之险,衙吏踵破家。轼访其利害,为修衙规,使自择水工以时进止,自是害减半。

这就是说,原先朝廷不仅将运送终南山木的繁重徭役分配给凤翔府百姓,并且还规定了服衙前役的小民们自渭水入黄河的具体运送时间。古来渭水、黄河皆有汛期,在河水暴涨时运送显然极度危险,很可能人货两失。苏轼为了救百姓,竟然修改衙前役的相关规定,允许小民们自己选择河运的时间,自此之后,凤翔府的衙前之害为之减半。苏轼真是一个爱民的士大夫。

另一方面,在苏轼的诗歌中我们也能看到民生多艰的种种表现。在凤翔的雪夜中,苏轼写道:"谁怜屋破眠无处,坐觉村饥语不嚣。"他想到凤翔村民们的住处残破不堪,难避风雨,在寒冷的雪夜怎生入眠呢?可是天下虽大,有谁能怜悯到他们,能帮助到他们?也不禁觉察到村民们平日里低声细语的缘故,不过是因为他们饿着肚子没有一丝力气啊!念及此,苏轼继续挥笔:"惟有暮鸦知客意,惊飞千片落寒条。"是的,自己是多么无力和渺小。天地虽阔,此刻却仿佛只有昏鸦知晓诗人的心意,飞起震落无数雪花,聊慰苏轼忧民之心。这种孤独和无助的感觉,在他的人生中只是一个开始。

此时期苏轼的弟弟苏辙正留在东京陪伴着老父苏洵,兄弟二人因此在这几年间时有诗书往来。在赴任途中,两人就曾追忆过去进京赶考,夜宿渑池僧舍,一同题诗于墙壁之上的往事。

苏轼在回信中写了一首非常著名的《和子由渑池怀旧》:

> 人生到处知何似?应似飞鸿踏雪泥。
> 泥上偶然留指爪,鸿飞那复计东西?
> 老僧已死成新塔,坏壁无由见旧题。
> 往日崎岖还记否?路长人困蹇(jiǎn)驴嘶。

兄弟二人赴京会试在嘉祐元年,苏轼想到这已经是6年前的事了。因此他感慨人生几十年,光阴如白驹过隙,飘忽而短暂,人世间的痕迹就犹如飞鸿之踏雪泥,能偶然留下爪印,却终究要消失在流光中。过去接待他们的渑池僧寺的老和尚都已经圆寂而徒留下一座安放舍利的宝塔,坏旧的墙壁上也看不到兄弟俩题写的诗歌。往日人生之崎岖坎坷不知还记得否,此去凤翔路长人困,蹇驴嘶鸣,未知兄弟二人此后何如呢?

在凤翔任职三年的苏轼回到京师汴梁的时候,仁宗皇帝早已大行,没有儿子的他只好由养子赵曙入继大统,因而这一年已经是英宗治平二年(1065年)。新皇帝非常欣赏苏轼的才名,甚至想直接授予他知制诰或修起居注的差遣(在宋代,官职主要分为职事官和寄禄官。前者表示你实际做的工作,称为差遣。后者只表示你的品级、俸禄、待遇等,与实际工作没有关系)。在当时,知制诰一般是由翰林学士、直学士院或者在舍人院中任职的官员来负责,是为皇帝起草诏书的意思,属于可以参加国家大政的重要高级官职;修起居注则是为皇帝记录一言一行的清贵之职,由于亲近皇帝,往往是升迁的绝佳跳板。然而这样骤然身居高位,必然是要遭到朝野侧目的。所以宰相韩琦建议让苏轼参加馆阁考试,授予了他直史馆的差遣。这一职务主要负责编修国史,正好可以让苏轼查阅各种珍藏的古籍、图画等。

然而就在人生得意之时,苏轼的结发妻子王弗不满三十便英年早逝了。苏轼与聪慧过人的王弗感情非常好,多年以后他写下了著名的《江城子》悼念亡妻。

> 十年生死两茫茫,不思量,自难忘。千里孤坟,无处话凄凉。纵使相逢应不识,尘满面,鬓如霜。
> 夜来幽梦忽还乡,小轩窗,正梳妆。相顾无言,惟有泪千行。料得年年断肠处:明月夜,短松冈。

王弗初嫁之时,不过十六岁的花季,逝世时年仅二十七岁。苏轼与妻子度过了十年幸福的婚姻生活,妻子的死对苏轼而言无疑是一个巨大的打击。

然而没有想到的是,就在一年后,苏轼的父亲苏洵也辞别了两兄弟。治平三年,苏轼、苏辙将老父的遗体放在棺椁中一路回到蜀中,开始为父丁忧。

另一方面,英宗皇帝在治平四年(1067年)驾崩,满打满算仅做了五年皇帝,享年仅三十六岁。年方弱冠的太子赵顼继承大统,是为神宗。

对苏轼一生产生无数重大纠葛的轰轰烈烈的熙宁变法即将来到。

年轻的宋神宗赵顼早在登基之前就发现了帝国烈火烹油的表象之下潜藏着巨大的隐患,帝国仿佛就如一艘负重累累的艨艟巨舰,航行在满是暗礁的大海中,长夜可怖,尽是覆没的危险。他想到太宗皇帝受辱于高粱河,想到雍熙北伐功亏一篑,想到澶渊之盟时的狼狈,想到三川口、好水川、定川寨的一连串败绩……

改元熙宁之后,神宗皇帝曾派人从汝州召富弼至京师。当赵顼问富弼军国大事之时,富弼回答:"陛下临御未久,当布德行惠,愿二十年口不言兵。"

这样类似的回答听多了令神宗皇帝内心很感到一些失望,他不能理解何以在庆历年间奋发拼搏的这些元老重臣到如今却只能劝自己修身养性,保守因循。他不禁想到了自己做太子时,身边的记室参军(掌管文书)韩维曾屡屡向他推许王安石的才干和品德,而自己也经常听闻王安石在士林间的崇高声望。

当时王安石身处江宁,赋闲在家,神宗皇帝便起用他知江宁府。不久又任命为翰林学士,成为两制高官。着急的神宗皇帝令王安石越次入对,谈了很久。回去之后王安石立刻写了著名的《本朝百年无事札子》,其中振聋发聩地指出:

赖非夷狄昌炽之时,又无尧汤水旱之变,故天下无事,过于百年。虽曰人事,亦天助也。伏惟陛下躬上圣之质,承无穷之绪,知天助之不可常恃,知人事之不可怠终。则大有为之时,正在今日!

言下之意是说,要不是运气好,老天眷顾,哪能有百年太平!这样的话神宗皇帝是很少听到人说的,也很少有人具备这样的胆识在奏表中这样露骨地批评本朝。年轻气盛、极欲大有作为的神宗皇帝在随后与王安石的接触中越来越赏识他、佩服他。于是在熙宁二年(1069年)二月,朝廷授予王安石从四品右谏议大夫官职,任命他为参知政事,也就是副宰相。

熙宁变法就在这样的情况下开始了。

王安石提出的改革办法有很多,经济方面如青苗法、均输法、市易法、免役法、方田均税法、农田水利法;军事方面如保甲法、将兵法等。

青苗法是为了解决农民在农作物青黄不接、经济困难时被迫向地方上的豪绅地主借高利贷的问题。以国家在诸路的常平仓、广惠仓中的钱粮作为本金,按规定借贷给自愿的农民,收取二分利息。这样既为国家增加了财政收入,又打击了豪绅地主通过高利贷剥削农户然后进一步兼并土地的能力。

免役法是针对当时人民繁重的差役而进行的一种改革。当时宋代的差役主要有以下几种:衙前(运送官方财物或看管府库粮仓或管理州郡长官厨房等);里正、户长、乡书手(督催税赋);承符、人力、手力、散从官(供州县衙门随时驱使);耆长、弓手、壮丁(捉捕盗贼)。其中衙前役和里正最是劳民伤财,破家无数。如衙前,所看守府库或运送的官方财物有损耗,则必须赔偿;好不容易运送财物到了京师,碰到接收的小吏刁难往往导致有家不能回。又如里正，遇到村里乡里交不了税赋的或是逃跑了的，还必须垫付税钱，搞得倾家荡产都完不成任务。针对这种问题，王安石提出，废除官员士大夫、有功名的豪强地主免服差役的权利，改为根据具体情况缴纳"助役钱"（但同样的，本不服役的贫下户也缴纳一部分助役钱），而原来必须服差役的上四等户则缴纳"免役钱"。收上来的钱则由朝廷统一雇用人来服差役。

又如农田水利法，大规模在各地集中各方力量兴修水利工程，通过淤田、灌溉等努力把薄恶贫瘠的土地变成肥厚的良田，并且令豪绅地主也要按照户等出一定的钱力物力。

再如"市易法""均输法"都是为了遏制豪强商贾操纵物价，囤积居奇，把物价的控制权夺回政府手中。

可以说王安石在改革时有一个重要的总方针，即"因天下之力以生天下之财，取天下之财以供天下之费"。换而言之，就是要借用天下广大的潜力，去刺激经济，去创造财富，再将创造出的财富运用到国家大事上。

从改革的初衷和各项办法的目的来看，自然完全是为国为民的，然而熙宁变法在刚刚开始的时候就遭到了各种各样激烈反对的声音。

苏轼、苏辙两兄弟丁父忧期满，于熙宁二年（1069 年）二月回到京师之后，看到的正是处在剧烈动荡变化中的朝野局势。苏轼仍以原职殿中丞和直史馆差判官诰院，在负责颁发官吏官员身份证件的官署里工作。实际上，苏轼当然也看到了北宋这样那样的问题，他也渴望朝廷能除旧布新，积极进取，但是至于究竟如何革除弊陋、施政惠民，乃至于富国强兵等,苏轼心中也并没有一个足够具体的全国层面的答案。

他首先关注到的必然是在庙堂之上,冠盖煊赫的重臣中谁赞成新法,谁反对新法。

说来似乎难以置信,反对新法的不是那些戏说里常见的白脸奸臣,而是曾经在庆历新政里奔走奋斗过的韩琦、富弼和欧阳修,令人敬仰的文彦博,几乎任何现代中国人都耳熟能详的"司马光"以及范仲淹的儿子范纯仁等。

苏轼因为礼部会试时主考官为欧阳修的关系,加上欧阳修对其称赞奖掖不遗余力,天然地与欧阳修越发亲近起来。欧阳修也把年轻的苏轼介绍给韩琦、富弼、文彦博这些已经位列宰相、执政的国家最高级官员。从进入仕途的初始,苏轼就已经被打上了后来称为旧党的这一派人士的烙印。

熙宁变法的力度是庆历新政所远不能及的,从改革的深度上来说也是宋代之前所未有。主持这场轰轰烈烈变法的人物是有名的唐宋八大家之一的介甫相公王安石,然而当年庆历新政的领军人物、如今的元老重臣们却对王安石和他的熙宁变法群起而攻之,这样的原因究竟何在呢?

苏轼在这个时候,他没有任何犹豫,经过他的一番思考,他认为自己完全洞悉了王安石顶层设计的各种问题,他选择了站在反对派也就是所谓旧党的这一边。

事实上,苏轼兄弟和王安石之间的恩怨自父亲苏洵那里便已经开始。宋人方勺所撰之《泊宅编》中上卷有云:

> 欧公在翰院时,尝饭客。客去,独老苏少留,谓公曰:"适座

二、庆历熙宁 | 39

有囚首丧面者何人?"公曰:"王介甫也,文行之士。子不闻之乎?"洵曰:"以某观之,此人异时必乱天下。使其得志立朝,虽聪明之主亦将为其诳惑。内翰何为与之游乎?"洵退,于是作《辨奸论》行于世。是时介甫方作馆职,而明允犹布衣也。

这是说,欧阳修在翰林院任职翰林学士时,曾有一次招待客人吃饭。客人们离开后,只有苏洵一个人稍微又逗留了会儿。他对欧阳修说:"刚才座中有一个头发乱得像囚犯、脸好像没洗过像服丧的人,那是谁?"欧阳修答道:"那是王介甫啊,文章道德兼备的贤士。你没听说过吗?"苏洵接着说:"依我看来,这个人将来必定祸乱天下。假使让他在仕途上得志而秉国之政,那么即使是聪慧英明的人主也将被他所欺骗惑弄。内翰您为什么要和他交往呢?"苏洵告退后,不久便写了《辨奸论》问世。当时王安石正任馆职,而苏洵还仍然是个布衣百姓。

王安石于嘉祐六年(1061年)为直集贤院,而苏洵于此年七月前仍为布衣,因此大约此事即发生在嘉祐六年。若此事属实,那么在此时苏洵对王安石的观感已经恶劣到了极点。

《辨奸论》是否为苏洵所作目前学界仍有争议,但不论怎样,其中抨击王安石为"王衍、卢杞"合二为一之大奸,是好比竖刁、易牙、开方这样的佞幸之观点,必然是当时反对变法、主张保守的大臣们所普遍持有的言论。王衍者,西晋末年之宰相,清谈误国,曾与八王之乱的"胜利者"东海王司马越一同出征。司马越病殁途中,王衍竟然要狐死首丘,让司马越归葬其封国东海,结果半道被石勒所截击,直接导致西晋灭亡。卢杞则是唐德宗时之奸相,相貌丑陋,品性忌恨,曾让平定安史之乱的郭子仪感叹:"此人得志,吾子孙无遗类矣!"竖刁、易牙、开方则更为不堪,皆是齐桓公时佞幸乱国之人。竖刁自宫以入侍桓公于左右;易牙因桓公一句未尝人肉的戏言烹子而献君;开方为卫懿公庶子入齐而父死不奔丧。管仲曾在去世前面对桓公问及谁可继任为宰相时告诫说,易牙"杀子以适君,非人情,不可";开方"倍亲以适君,非人情,难近";竖刁"自宫以适君,非人情,难亲"。结果桓公不能听,后假三人以重权,结果桓公病重时三人果然祸乱国政,导致桓公活活饿死,最后尸首陈于宫禁之中六十七天,连蛆虫都钻出无数。拿王衍、卢杞、竖刁、易牙、开方来比拟王安石,这确实是太过分也太偏激了,但此足见当时反对变法的人对王安石的恨意之深。

龚颐正的《芥隐笔记》里又记载了一个苏洵和王安石交恶的缘由之一:

> 荆公在欧公坐,分题送裴如晦知吴江。以"黯然销魂,惟别而已"分韵……时老苏得"而"字,押"谈诗究乎而"。而荆公乃又作"而"字二诗,有云:"采鲸抗波涛,风作鳞之而。"盖用《周礼·考工记》梓人(木工)"深其爪,出其目,作其鳞之而"[注:之而,颊颔(kū)也]。又云:"春风垂虹亭,一杯湖上持。傲兀(傲岸)何宾客,两忘我与而。"最为工。君子不欲多上人,王、苏之憾,未必不稔(rěn)于此也。

这则材料是说,有一回王安石与欧阳修、苏洵等八人正在搞一个文学聚会,旨在为裴如晦作送别诗。裴如晦何许人也?据明代曹一麟《嘉靖吴江县志》卷十七《官政志(一)》守令表知县条记载:"仁宗朝,嘉祐六年,裴煜,字如晦。"则知此人当是嘉祐六年出为吴江知县,乃是欧阳修、王安石、苏洵等人共同交游之士大夫。在座的都是诗文好手,因此作诗是要讲点规矩的,于是以"黯然销魂,惟别而已"八个字分韵。当时苏洵分到了个"而"字,这就是说要用"而"字入诗,且须作为韵脚。而字基本上是虚词,要用这个来押韵作诗,委实太难了。苏洵想了想,在自己的诗歌中写了句"谈诗究乎而"。这意思大致是说翩翩君子,谈起诗歌文章来要好好深入讲究一番。这自然是符合要求了,但未免有点干巴巴。王安石分到的当然不是"而"字,但他一听,偏要在自己作诗之外另也作"而"字韵脚的诗歌,还一作就是两首。其中一首云"采鲸抗波涛,风作鳞之而"。大家一听都惊呆了,王介甫这真是太厉害了,能人之所不能啊!原来王安石在这句诗里用了《周礼·考工记》的典故,其中说到木工雕刻之事,"之而"有颊骨和胡须之义。于是这句的意思就是说五彩的大鲸迎着惊涛骇浪,海风把大鲸的鳞片吹成了须毛的样子(鲸鱼当然是没有鳞片的,不过大约王安石并没见过)。这等于说是想到了"之而"作为实词的一种罕见古奥的用法,和苏洵干巴巴的诗句一比,显然王安石这句高明多了。然而王安石还不肯罢休,又作一首诗,其中云:"春风垂虹亭,一杯湖上持。傲兀何宾客,两忘我与而。"也就是说,以"而"作为"你"的意思,又是韵味、要求都达到的一首。这等两忘烟水里的逍遥意境让在座之人都赞叹不已,再没有人像先前那样说苏洵的诗句作得妙了。

龚颐正在记载完这个故事之后评论说,宽厚的君子便不会老想着压人一头,王安石、苏洵交恶的憾事,未必不是成因于这次诗会啊!

当然苏洵与王安石交恶,当不会仅仅因为一次诗会上的小风波。恐怕更多的是因为一些分歧和矛盾。曾枣庄先生就曾援引叶梦得

《避暑录话》中的材料,指出两人积怨与矛盾更为可信可能的原因:

> 苏明允本好言兵,见元昊叛,西方用事久无功,天下事有当改作。因挟其所著书,嘉祐初来京师,一时推其文章。王荆公为知制诰,方谈经术,独不嘉之,屡诋于众。以故,明允恶荆公胜于仇雠(chóu)。

这是说,苏洵本喜好谈论兵事,听闻党项李元昊叛变称帝,而后朝廷在西北用兵,长久地劳师动众而失败无功,以为天下事应当有所改易变更。于是苏洵带着他所撰写的诗书文章,嘉祐初年来到东京,一时之间名动汴梁,公卿大夫们都推重他的文章。王安石当时为知制诰,正谈经学,是士大夫中少数不喜欢苏洵文章的,并屡次在众人面前诋毁抨击之。因此,苏洵厌恶王安石简直胜过憎恨仇人。

从这则材料可知,苏洵王安石关系交恶绝非单方面的原因,一定是互相有龃龉,且其矛盾的根源一定不只是些许小事,而是牵涉士大夫们最在意的"修身齐家治国平天下"中的"外王"的事功层面。

宋人邵博的《邵氏闻见后录》卷十四载:

> 东坡中制科,王荆公问吕申公:"见苏轼制策否?"申公称之。荆公曰:"全类战国文章,若安石为考官,必黜之。"故荆公后修《英宗实录》,谓苏明允有战国纵横之学云。

苏轼中制科,王安石便问吕公著:"看过苏轼的制策文章了吗?"吕公著大为称许。王安石却说:"全是类似战国(纵横家)的文章,假如安石担任考官,必定黜落!"后来王荆公修《英宗实录》,就称苏洵有战国纵横家之学(不是正经儒学之士)。

不仅是对于苏轼有此贬低,对同应制科的苏辙,王安石也颇有意见。当时苏辙在制科考试中写了些十分大胆辛辣的话批判当朝圣人仁宗皇帝。策题以皇帝口吻出写道:"朕承祖宗之大统、先帝之休烈,深惟寡昧,未烛于理""志勤道远,治不加进,夙兴夜寐,于兹三纪"。前一句题目的意思是说,朕继承了列祖列宗的江山社稷,先帝皇考们盛美伟大的事业。朕虽然深加思虑,但是因为浅薄无知,不能洞察事理。后一句是说朕登大宝以来,立下大志而勤政不息,天下大治的道路任重道远,到如今九州大地仍然没有治理得很好。朕每天早起晚睡,到现在已经三十六年有余了。

毫无疑问,这策题里皇帝的话完全是客套话、场面话,结果苏辙却在自己的制策里引用之,然后在后面猛烈批判,说:"此陛下忧惧之言也。然臣以谓陛下未有忧惧之诚耳"。言下之意就是,陛下嘴巴上说说罢了,实际上毫无把朝野治理好的诚心。之后苏辙在制策里谈到西夏叛乱独立,西北用兵一事,最后因为大宋屡战屡败,只得媾和,被迫承认党项独立建国。这之后仁宗干脆又鸵鸟心理,安于此局面了。于是苏辙批判皇帝说:"自西方解兵,陛下弃置忧惧之心而不复思者,二十年矣。古之圣人,无事则深忧,有事则不惧。夫无事而深忧者,所以为有事之不惧也。今陛下无事则不忧,有事则大惧,臣以为陛下失所忧矣"。这些话就更加要命了。苏辙居然指责仁宗皇帝天下无事的时候安逸享乐,毫无远忧,遇到点事情就毫无城府,怕得要死。甚至还指斥仁宗皇帝的私人问题,说:"陛下无谓好色于内而不害外事也"。意思是陛下不要自以为在内庭里好色风流,就对外朝的大事没有负面作用。这都已经在干预皇帝私生活了。

《栾城集·栾城后集》卷十二《颍滨遗老传上》云：

> 策入，辙自谓必见黜。然考官司马君实第以三等，范景仁难之。蔡君谟曰："吾三司使也，司会之言，吾愧之而不敢怨。"惟胡武平以为不逊，力请黜之。上不许，曰："以直言召人，而以直弃之，天下谓我何？"宰相不得已，置之下第，除商州军事推官。知制诰王介甫意其右宰相，专攻人主，比之谷永，不肯撰词。

这是说，制策的卷子交上去之后，苏辙自己也觉得说话太直了，必定会被黜落。但是考官司马光准备给予第三等，翰林学士范镇就反驳司马光，持不同看法。蔡襄说："我是三司使，（苏辙）制策里谈到财政上的问题，我心中惭愧，不敢有怨言。"当时只有翰林学士胡宿认为苏辙的制策极为狂悖不逊，力请黜落。仁宗皇帝不许，说："朕用直言能谏的标准来招徕人才，但却因为其直言就弃之不用，天下人会怎么评价我呢？"宰相们不得已，定为第四等，除授商州军事推官。当时王安石任职知制诰，虽然已经不能实际改变苏辙通过制科的既成事实，但是他声称苏辙在制策文章里袒护宰相执政，专门偏激地批评今上来博取直名，认为苏辙这是如同西汉谷永依附秉政的大将军王凤一样，在向宰辅大臣们邀宠，因此不肯撰写苏辙的制词。

据同卷材料，倒是宰相韩琦看不下去了。

> 宰相韩魏公哂曰："此人策语，谓宰相不足用，欲得娄师德、郝处俊而用之，尚以谷永而疑之乎？"

二、庆历熙宁

原来苏辙在制策文章里有这么一段:"而臣亦以为,治天下当得浑质刚直、不忌不克、不择剧易之人而任之,如汉之绛侯、条侯,魏之贾逵、邓艾,晋之温峤、周访,唐之娄师德、郝处俊。得此数人,唯陛下所欲用之。"苏辙认为治理天下应该要得到那些淳厚朴实又刚正不阿、不猜忌刻薄而盛气凌人、不避艰难繁重又不择难易的人然后重用他们,如汉代的绛侯周勃、条侯周亚夫,魏时的贾逵、邓艾,东晋的温峤、周访,唐代的娄师德、郝处俊。(假如)得到这样的几个人才,希望陛下能够好好重用。

因此韩琦对着王安石面露讥笑,说:"苏辙的制策文章之话语,乃是说现在的宰相们才德不堪重用,要得到娄师德、郝处俊这样的才行。你怎么还以阿附权臣的谷永来猜疑苏辙的用心呢?"韩琦的言下之意就是,王安石你这针对苏辙的意图,也太明显了,大家都看出来了,还是和和气气算了吧。

因此可见,由于与苏洵不睦,直接导致王安石对苏轼、苏辙两兄弟也颇有成见,甚至要对他们的制策考试来点负面评价。另一方面,苏轼选择站在反对变法的这一派守旧大臣的阵营里,并且在仕宦之初对王安石观感较差,我们有理由推测和相信,是在很大程度上受到其父亲苏洵的影响的。

三
苏轼开炮

王安石的改革大计在刚刚开始的时候就遭到了无数激烈反对的声音。任职宰相的富弼首先反对新法,不少叫嚣应该罢黜新法的人又以翰林学士司马光为意见领袖。当时不少人拿熙宁二年的水旱天灾来说事,说这完全是因为皇帝陛下任用王安石瞎折腾,搞得天怒人怨,这才降下诸多灾祸,是上天在警告英明神武的陛下。

尽管这种观点在我们现在看来十分的荒诞不经,然而在古代却历来是被上至朝廷、下至黔首的几乎所有人深刻认可的。西汉武帝时期,董仲舒结合儒家、阴阳家、黄老思想,在《春秋繁露》中提出了影响甚深的"天人感应"之说——认为自然界的水旱天灾都是对人君治理天下的一种机械反应,是有因果关系的。

熙宁二年(1069年)六月,御史中丞吕诲就上疏弹劾参知政事王安石,说他并无什么深谋远略,不过是要标新立异取悦陛下,还危言耸听地说如果王安石长久地位列中枢宰执的位置,天灾恐怕会接连不断。

吕诲作为御史台的长官,他的上疏弹劾在朝廷中是很有分量的,也能代表相当多官员士大夫的政治态度。面对这种把天灾归结于政治改革的荒谬言论,王安石大胆地提出"天变不足畏"。这种观点在当时是非常前卫的。王安石曾就汉儒对《尚书·洪范》中"狂恒雨若""僭恒旸若"的解读做出过犀利而有趣的批判。汉儒在董仲舒天人感应说的影响下,解释洪范时说,君主如果总是行为狂妄就会让上天降下水灾;君主如果总是行为僭越(超越自己的本分)就会让天下遭受旱灾。王安石指出,倘若真的是这样,那么君主要是同时犯了僭越和狂妄这两种罪过,万能的上天该如何反应?到底是降下水灾还是旱灾?岂不是自相矛盾?可见,天人感应之说是站不住脚的。因此,士大夫们拿这一点来攻击新法确实有些荒谬。

反对新法的人越来越多,苏轼在这一年上疏反对王安石改革科举之后,在十月份目睹了富弼从宰相位置上离开,拜武宁节度使、同中书门下平章事、判河南,改亳州,实际上以使相的身份远离了权力中枢,被罢免了政事堂相位。富弼也向神宗皇帝宣称说因为王安石任用小人,才导致各地天灾频发。

神宗皇帝读了苏轼的《议学校贡举状》后,颇为意动,决定召见苏轼。原来当时王安石要改革科举,罢废诗赋、明经取士之途,在进士级别的考试里改以策论、经义取士,并且采取大力兴办学校等各项措施。苏轼对此持全面的反对态度。他在《议学校贡举状》中指出,庆历年间就已经兴办过学校,到今天变成了徒有其名的形式主义。如果要大动干戈,势必扰民伤财;倘若小修小补,就和庆历新政没什么区别。因此他主张在学校规模制度等方面仍然保持旧有制度。在科举方面,苏轼说现在朝廷要改动的无非几个方向:或是稍重乡里察举德行而稍抑文辞之分量;或是专以策论取士而罢废诗赋;或是兼采其人名誉声望而罢废试卷封弥糊名的制度;或是让考生不再做贴经、墨义这样死记硬背的考试题目而罢废明经,专考经之义理。但这种都属于知其一而不知其二。

同时,苏轼又给皇帝上起课来,说如果陛下要兴天下道德之风,要选取真正优秀正直的人才,皇帝自己就必须修身格物,以身作则地正天下风俗,如孟子所谓"君仁莫不仁,君义莫不义"。如果只是设科立名去取士,那就是明着教天下人假模假式地表演,去做伪君子。例如陛下若以孝道取士,胆子大的人就割肉侍养双亲了,胆子小的也装模作样日夜住在父母的坟茔边。若陛下以廉洁取士,那大家为了做官就故意乘破败的马车,骑羸弱瘦削的病马,甚至穿粗布衣服,吃粗恶之食。只要可以迎合陛下意思的,就无所不用其极。这样的话,德行之败坏就极其可怕了。

因为王安石好谈经义,且当时有人指称他自比颜回、孟子,于是苏轼在奏议里又用王衍好老庄而中原蒙难、晋室南渡之典和王维的弟弟宰相王缙好佛结果大历之政至今为人所笑等事来影射王安石及其新法。苏轼说,性命之学,连孔子都很少说。子贡就曾说没有听孔子说过万物之本性与天道。现在的学者居然夸夸其谈,以不谈性命为耻。如今士大夫把佛祖、老子当成圣人,真是因为他们超然物外吗?不过是因为一般人的本性,都是安于放逸罢了。即便他们真是和庄子一样能齐生死,看破一切,那么陛下还怎么用名器爵禄来勉力他们治国为民呢?更何况这些人都是欺世盗名之徒!

神宗皇帝大约对立刻改革贡举也有些疑虑,因此读了苏轼的奏议后便想与他进一步交流。《宋史·苏轼传》中记载:

> 议上,神宗悟曰:"吾固疑此,得轼议,意释然矣。"即日召见,问:"方今政令得失安在?虽朕过失,指陈可也。"对曰:"陛下生

知之性,天纵文武,不患不明,不患不勤,不患不断,但患求治太急,听言太广,进人太锐。愿镇以安静,待物之来,然后应之。"神宗悚然曰:"卿三言,朕当熟思之。凡在馆阁,皆当为朕深思治乱,无有所隐。"轼退,言于同列。安石不悦,命权开封府推官,将困之以事。轼决断精敏,声闻益远。

召对的时候,神宗问苏轼:"现如今朝廷政令有哪些得失之处呢?即便是朕的过失,卿也可以指陈。"

苏轼回答说:"陛下天赋异禀,本性即能生而知之,可谓天纵之才,兼堪文武,因此不担心不英明、不勤政,或是不能乾纲独断,只须担心求天下大治的心太急了些,听取的治国方略过多了些,进用大臣太快了些。臣愿陛下以稳妥安静镇定朝局,待事物时机成熟,便能自然应对。"

神宗为之变色,说:"卿这三句话,朕当会好好考虑一番。卿在馆阁,都要为朕深思国家治乱的原因、方略,不要有什么不敢说的。"

神宗的反应一定让苏轼既高兴又有些小小的得意,因此苏轼一点都不知道韬光养晦,注意保护自己,而是出了皇宫就把这事情跟同僚们宣传开了,说陛下是尧舜之君,已经被自己说动了,贡举之法,不会瞎折腾的! 这些话自然让有心人传到了宰相王安石那里,王安石正要铺开一项又一项的改革措施,怎么会允许有人整天在皇帝面前唱反调呢? 王安石一想,你苏子瞻乃是个文士,文章诗词确实是才高八斗,具体烦琐的刑狱之事,你恐怕处理不好吧? 于是在熙宁二年十一月,王安石把苏轼调到了开封府,让他以原官职殿中丞改差遣权开封府推官。开封府是天子脚下,事务极其繁忙,所谓开封府推官,这是一个要审察刑狱案件的官职,一般人来做一定是手忙脚乱,头疼脑热。结果苏轼断案如神,没难倒他,反而让他声名远播。

这一年年末,为了庆祝新年,也为了让两宫太后(祖母仁宗妻曹太后、母亲英宗妻高太后)高兴,神宗皇帝下令采购四千盏左右的浙灯,在正月十五的上元节于宫内举行盛大的灯会。然而神宗皇帝又令减价采购浙灯,且不允许百姓购买,令汴梁城内的百姓们颇为不满。

按理说,采购器物举办宫内宴会、庆典,本是皇家内务,何况神宗皇帝也是为了向两宫太后尽一份孝心,实属小事。然而苏轼仍然提笔进谏。他在熙宁二年十二月,写了《谏买浙灯状》。其中写道:

> (百姓)皆谓陛下以耳目不急之玩,而夺其口体必用之资。卖灯之民,例非豪户,举债出息,蓄之弥年。衣食之计,望此旬日。陛下为民父母,唯可添价贵买,岂可减价贱酬。此事至小,体则甚大。……且内庭故事,每遇放灯,不过令东门杂物务临时收买,数目既少,又无拘收督迫之严,费用不多,民亦无憾。故臣愿追还前命,凡悉如旧。

这是说老百姓们都以为陛下因为自己的奢侈享受,而夺走他们吃饭穿衣活命所必需的资金来源。卖灯的老百姓,一般都不是富有之家,往往借了债,攒蓄了整年。他们获取衣物、粮食的办法,恐怕都指望这卖灯的十天。陛下作为天下万民的君父,只可以加价买进,怎么能够减低价格酬付给百姓呢?这件事很小,但背后的影响却很大啊。何况过去宫内的惯例,每次遇到举办灯会,不过是命令东门采办杂物的人临时买一批,数目又少,也没有种种限制和督迫的严厉旨意,花费也不多,老百姓也没有怨言。所以恳请皇帝陛下收回之前的命令,一切照旧办理。

倘若在一个刚愎自用、残暴不仁的君主统治时期,苏轼这种指点皇帝办事的表状递上去多半是要给大辟(砍头)了。从这份表状中,我们可以清晰地看到苏轼作为一名文人士大夫,对于百姓的关爱,对于君主和朝廷的忠心,以至于他挑了些刺耳又直率的话来规劝皇帝。

年轻的神宗皇帝非但没有龙颜大怒,反而很快接受了苏轼的劝谏,收回了之前下达的命令。苏轼顿感肝脑涂地亦难以报答陛下的如海胸襟,更坚信神宗皇帝是一位千古圣君。想到王安石变法以来的种种问题,此年十二月他写了一篇重磅文章,在后来历史上被称为《上神宗皇帝书》。

苏轼说:"今者无故又创一司,号曰制置三司条例。使六七少年日夜讲求于内;使者四十余辈,分行营干于外。造端宏大,民实惊疑;创法新奇,吏皆惶惑。"意思是说,现在无缘无故又在朝廷诸多部门中叠床架屋地多设立一个部门,称作制置三司条例司。(这是王安石变法的核心机构,用来架空原本掌管财政大权的三司使,发布各项新法的命令,进行财政改革等)让六七个几乎毫无资历的小臣在里面日夜闲谈,又派四十来个使者,分赴各地。弄得声势浩大,老百姓们都又惊又怕;创设的新法又奇怪荒诞,基层办事的小吏都惶恐疑惑——这是苏轼直接向王安石的变法核心机构进攻,声称这个机构完全是荒谬的。

他甚至说:"故臣以为,消谗慝(tè)(邪恶奸佞之人)以召和气,复人心而安国本,则莫若罢制置三司条例司。"苏轼认为,要罢黜奸佞的臣子以让朝廷上下团结,不再异论汹汹,四分五裂;要恢复百姓对朝廷的信任,消除他们的埋怨从而安定国家的根本,要做到以上这些必须罢废制置三司条例司。换而言之，苏轼从一开始就表达了全面否定熙宁变法的态度。

苏轼又进一步说明理由和他自己理想中的大国宰相治理国家的方式。他说："智者所图，贵于无迹，汉之文、景，纪无可书之事；唐之房杜，传无可载之功；而天下之言治者与文景，言贤者与房杜，盖事已立而迹不见，功已成而人不知。故曰：'善用兵者，无赫赫之功。'"这是说，真正有大智慧的人所图谋的事情，贵在不留痕迹。西汉的文帝、景帝，史书上并没有多少他们的治国方针；唐太宗时人称"房谋杜断"的两位名宰相房玄龄、杜如晦，他们的列传里也没有记载什么治国的具体功劳。但是天下人说起治理天下的贤明君主总是说文景之治，说贤良的宰相总是说房谋杜断，这就是因为他们完成了伟大的事业但是却不留下一丝痕迹，功业已成就却人皆不能知晓。所以说，善于用兵的将军，甚至没有煊赫的功绩。

苏轼又提出振作国家经济的办法："陛下诚欲富国，择三司官属与漕运使副，而陛下与二三大臣孜孜讲求，磨以岁月，则积弊自去而人不知。"这是说，如果陛下确实谋求国家富强，可以拣选盐铁、户部、度支三司的官员和漕运长官与副手，而陛下和宰臣们孜孜不倦地商量研讨，经过一定时间的努力，那么国家积累下来的种种弊端就会消除不见，而百姓也没有受到太多惊扰，大家甚至不能知觉。

对比王安石变法中提出的一项又一项具体的举措，不难看出，苏轼所谓无为而治的思想，以及他提出的"磨以岁月，则积弊自去而人不知"的想法，都是书生议政，是不成熟的，甚至可以说相比于王安石而言是幼稚的。

汉初天下百废待兴，不知多少荒地有待开垦，不知多少行业亟待振作,是故从汉高祖起,乃至文帝、景帝都是以黄老之术的无为而治思想,轻徭薄赋,与民休息,恢复生产力;而唐初也是上承隋末天下大乱,同样适宜镇之以静。而北宋神宗年间,自真宗、仁宗以来的因循苟且已不知产生多少弊端、腐败的问题,土地兼并也是日趋严重。不同的情况下,苏轼却想当然地说要无为而治,要治大国若烹小鲜,这完全是把问题想得太简单了。朝政已经到了敷衍下去只会越来越糟的地步,有志之士如范文正公,在庆历年间就提出了改革的举措。因此苏轼所以为的,让皇帝和两三个大臣在中枢谋划下,不去搞大动作,弊端就能轻易被连根拔起,抹除不见,这显然也是全无可能的。

谈到王安石新法中的农田水利法,苏轼又说:"天下久平,民物滋息,四方遗利,盖略尽矣。今欲凿空访寻水利,所谓'即鹿无虞',岂惟徒劳,必大烦扰。"这是说,苏轼认为,天下已经百年太平无事,老百姓们生儿育女、休养生息惯了,而四方可以取用的财利,大约也差不多了。现在要挖凿筑堤,开发水利工程,这就好比进山打鹿,却没有熟悉地形和鹿习性的向导,完全是既徒劳无功又令民间困苦烦恼的。

请注意"天下久平,民物滋息,四方遗利,盖略尽矣。"这一句话所透露的观点。司马光曾在和王安石争论时说:"天地所生,货财百物,止有此数。不在民间,则在公家。"这种观点认为天下的财富总量是恒定不变的,没有可能发现财富、创造财富,财富也只能简单地在朝廷和百姓之间兜兜转转——这完全是一种形而上学的静止的错误观点。任何稍有一定经济学概念的现代人都知道这两种说法完全是落后的。但在当时,大约这是很多人认可的主流思想。

实际上,根据《宋史·食货志》来看,熙宁二年到九年,全国兴修成功的水利田,多达一万余处,受益的耕田约为三十六万顷。这证明农田水利法是卓有成效的。

苏轼从方方面面都抨击新法的弊病,那我们不妨看一看他在制科考试中的两篇关于"厚货财"的文章,了解一下苏轼在治理国家上的经济思想。

请先看《策别十三》中之论:

> 厚货财者,其别有二。一曰省费用。夫天下未尝无财也。昔周之兴,文王、武王之国不过百里,当其受命,四方之君长交至于其廷,军旅四出,以征伐不义之诸侯,而未尝患无财。方此之时,关市无征,山泽不禁,取于民者不过什一,而财有余。及其衰也,内食千里之租,外取千八百国之贡,而不足于用。由此观之,夫财岂有多少哉!

苏轼说,厚货财的方法,有两个,一个是省费用,也就是所谓节流。天下间并不是没有财货。过去周朝之兴盛,文王、武王发迹时不过百里之地,当他们顺天应命,四方的诸侯都聚集于其庙堂,军旅浩浩荡荡,大出岐山,征伐不义的商朝和附逆的诸侯,却不曾以财力不足为忧患。当时通衢大道之集市无税赋之征收;山川河泽之矿石鱼虾也无开采捕猎之禁,对老百姓的税赋不过是十取其一,然而国家却财用有余。等到周朝衰弱时,对内要征收千里之地的租赋,对外要取用无数诸侯国之贡奉,却仍然不足于用。由此看来,国家财用的本质岂是在聚敛征收的多与少呢?

以今人的高度来看,此见谬也。文武之方兴,地方百里,官僚方几何?及宋仁庙时,中国之大,官吏之多,又几何哉?岂可同日而语?宋代的官僚队伍之庞大,远非起兵时号称百里之地的周所能及,这两者之间巨大的行政费用支出差距,是不能够简简单单地用儒家语言来抹去的。

> ……
>
> 今天下之利,莫不尽取。山陵林麓,莫不有禁。关有征,市有租,盐铁有榷,酒有课,茶有算,则凡衰世苟且之法,莫不尽用矣。
>
> 夫无益之费,名重而实轻,以不急之实,而被之以莫大之名,是以疑而不敢去。三岁而郊,郊而赦,赦而赏,此县官有不得已者。天下吏士,数日而待赐,此诚不可以卒去。至于大吏,所谓股肱耳目,与县官同其忧乐者,此岂亦不得已而有所畏耶?天子有七庙,今又饰老佛之宫,而为之祠,固已过矣,又使大臣以使领之,岁给以巨万计,此何为者也!天下之吏,为不少矣,将患未得其人。苟得其人,则凡民之利,莫不备举,而其患莫不尽去。今河水为患,不使滨河州郡之吏亲视其灾,而责之以救灾之术,徒为都水监。夫四方之水患,岂其一人坐筹于京师而尽其利害!天下有转运使足矣,今江淮之间,又有发运,禄赐之厚,徒兵之众,其为费岂可胜计哉!盖尝闻之,里有蓄马者,患牧人欺之而盗其刍菽(chú shū)也,又使一人焉为之厩长,厩长立而马益癯(qú)。今为政不求其本,而治其末,自是而推之,天下无益之费,不为不多矣。
>
> 臣以为凡若此者,日求而去之,自毫厘以往,莫不有益。惟无轻其毫厘而积之,则天下庶乎少息也。

苏轼接着说,现在天下的财利,朝廷几乎没有不征收聚敛的。矿山森林,没有不禁止民间开采的。商人过关隘要征税,集市有租赋,盐铁有国家专营的榷卖制度,酒有课税,茶有茶法,那么这样想来凡是衰亡之世横征暴敛的陋规恶法,现在朝廷都已经差不多用上了。

对朝廷国家无益处的花费支出,都是属于虚名甚重,而实利轻微,而且犹疑不敢罢废。例如3年一次的郊祀大礼,郊祀了就要大赦天下,大赦之后要赏赐群臣官吏,这种赏赐对于县官这样级别的低级官员来说还确乎是依赖的一份收入。天下官兵和府衙小吏,在郊祀的几日间翘首等待朝廷赏赐,这确实不是可以马上罢废取消的。但至于高官显贵,所谓国家的肱股耳目,却号称和县官这样级别的一样有财用上的忧愁,这难道也是有所不得已,有所畏惧担忧(缺了赏赐)吗?天子本身已经有七庙的祭祀,现在又要以天下的佛道宫观来装点朝廷门面,使这些庙宇道观都成为朝廷编制下的祠庙,本来就已经不对了,又使大臣以宫观使之类官职奉祠遥领,每年花费巨额财政,这究竟是为了什么?天下的官吏,实在是不算少了,但却没有任用合适的人。如果任用得当,那么凡是对民众有利的举措,就没有不措置完备的,而百姓们以为祸患的就都能去除罢废。如今河水为患,不派遣靠近河患的州郡官吏去亲自监视灾情,令其布置具体救灾办法,却徒劳地设置都水监。四方有水灾,怎么能够用一个人坐在京师的都水监衙门里盘算空想就能全部处理妥当呢?天下有转运使(输送税赋钱粮)已经足够了,现在江淮之间,又有发运使,他们的俸禄赏赐之厚,手下僚属兵丁之多,所耗费用哪里算得过来!臣曾经听闻,闾里有负责为朝廷养马的马户,朝廷担心马户欺弄,克扣刍豆等马吃的粮食而监守自盗,于是又选一户人家担任所谓厩长,结果有了厩长之后官马却越来越瘦了!现在朝廷施政不求本源,而在一些细枝末节的地方瞎折腾,自此推论,天下无益处的耗费,就真的实在太多了!

苏轼总结说,凡是类似这些的弊政,只要日复一日地设法革除,那么自毫厘之间去计算,也完全是有益于黎民社稷的。只是希望陛下不要轻视这些毫厘之间的问题,那么天下就大概能稍稍得到休养生息了。

综上所述,苏轼的想法是要在节流上动脑筋。要节流,就要有人把蛋糕吐出来。他提出的办法一是减罢郊祀之赏并佛老宫观之费;二是裁撤冗官,如都水监、发运司等。王安石为宰相,还没有像这样程度地动摇官制,只是想要稍夺士大夫的利益,将其收归朝廷中央,当时的人就已经调转风评,从"安石不出,奈苍生何"变成了"安石既出,苍生奈何",甚至说他变法乱国。我们不妨设想,假如苏轼当国秉政,执掌钧轴,施政如对策所言,那么天下百官,岂不对他有咬牙之恨?如祠奉官本就是优养元老致仕之臣或是安置贬官的,这要是裁撤了,就是断人生计啊。可见苏轼在经济思想上本身就和王安石的开源相敌对,持节流之见,同时在具体办法上也非常激进,不遑多让。

《策别十四》是"厚货财"的第二策,仍然是从节流的角度上想的办法,是为"定军制"。苏轼从汉唐故事的兵制中提出看法,认为军队不可无事而聚、无事而食。汉代有事不过用虎符调发郡国之兵,唐代府兵则无事力耕,足以自给自养甚至充盈地方粮储。而大宋的禁军大部分都聚集在京师附近,数量又特别庞大,有数十万人之多,完全依赖于官府的补给。天下财货,只要人力所及,几乎都已尽输于东京。如今天下太平无事,税赋征敛之剧,已经不可复加,执掌朝廷财政的三司却常常近乎入不敷出。

因此他提出办法,认为可以优待郡县之厢军土兵,令其萌生感恩戴德、愿效死力之心,加以训练,逐渐取代禁军的职能,在扈从天子和拱卫皇城之外,渐次裁撤,使得军队数量可以减少下来,从而大为减轻因冗兵而带来的财政压力。

此论虽中宋冗兵之弊,然尤未谙帝王之心术。宋取国于孤儿寡母之手,欲绝晚唐五代藩镇之祸,故于军制采取强干弱枝之策,岂愿削减京畿禁军而令地方帅守有虎贲之师以窥神器?也就是说,苏轼的建议从理论上来说似乎是很好的,但首先完全不符合宋朝祖宗法度。宋代最高统治者十分注意削弱地方帅守大臣的权力,使其手中只有老弱不堪一战的厢军土兵,则自然没有割据地方,威胁朝廷的可能了。另一方面,禁军背后的既得利益团体是很庞大的,这些人吃惯了空饷,习惯了克扣军用物资等,如果说朝廷要逐渐裁撤掉大部分禁军,可想而知,这些将军们乃至背后的勋贵绝对要挑动兵痞们起来闹事,裁军之策最后一定是不了了之。

看来苏轼想要通过节流来解决宋朝财政困难的问题终究是一条走不通的死路。我们还是继续看看他如何向新法开炮。

在抨击完介甫相公的农田水利法之后,苏轼又谈到免役法。他说:"自古役人必用乡户……士大夫捐亲戚,弃坟墓,以从宦于四方者,宣力之余,亦欲取乐,此人之至情也。若雕弊太甚,厨传萧然,则似危邦之陋风,恐非太平之盛观。"这段话非常值得品味。苏轼说,自古以来差役必定是用本乡本土的人。(如果废除了现行的差役法,改用雇役法,雇用来的人所得到的报酬也很少,积极性可想而知。)而官员们多少年寒窗苦读才在科举中笑到了最后并成为了统治阶级的一员,他们远离家乡去天南地北做官,在卖力工作之余,也是想要享受啊,这是人之常情。如果(因为免役法)令州郡衙门的排场太过衰败,甚至连供来往官员居住的馆驿也萧条得不行,就像是那种民不聊生、毫无安宁可言的乱世国家的鄙陋之风,恐怕不是现在太平盛世应该有的景象啊。

历来也有人拿这一段攻击苏轼,说他成为了统治阶级的官员之后就站在士大夫立场上考虑问题了。其实未必尽然。苏轼的灵魂首先应当是一个文人,然后才是一位官僚士大夫,他的根性里有许多浪漫的地方,他也是一个心存百姓的官员。以上反对免役法的话,实际上他是按照当时绝大多数官员的素质去考虑的,毕竟所谓千里做官为发财,如果人君脱离官僚士大夫队伍的本质,而去奢谈圣人教诲、道德素养,那完全是空中楼阁,不着边际的。

有趣的是,在熙宁四年三月一次东西二府共同进对的御前会议中,作为西府执政的枢密使文彦博所说的话。当时他和枢密副使冯京一起反对各项新法,神宗皇帝反驳说:"淤田于百姓有何患苦?……兼询访邻近百姓,亦皆以免役为喜。"(引水灌溉耕田对于百姓有什么忧患和愁苦呢?询问探访百姓们,也都把免役法作为一件值得高兴的喜事。)文彦博说:"祖宗法制具在,不须更张以失人心。"(祖宗完善的法规制度都在,不须要更改,否则只会丢失人心。)神宗皇帝又说:"更张法制,于士大夫诚多不悦,然于百姓何所不便?"(更改法度,对于官员们来说确实会有许多不高兴的地方,但是对于百姓来说有什么不方便?)文彦博石破天惊地指出:"为与士大夫治天下,非与百姓治天下也。"(我朝是与官员士大夫一起治理天下,不是和百姓一起治理天下!)言下之意就是,真正能帮你治理国家的是读书人出身的官员们,不是那群庄稼汉、泥腿子,陛下要搞搞清楚到底应该站在谁那一边。文潞公的话似乎是当时很多道貌岸然的元老重臣内心本质最好的一个注脚。苏轼或许并没有意识到,他变成了旧党手里的一把枪。

《上神宗皇帝书》里苏轼又说到青苗法的问题。当时青苗法实施,客观上完全是为了便民的良法,但是不少地方官员为了向神宗皇帝和当朝宰相王安石邀功邀宠,私下里强行抑配、摊派。本来只是自愿性质的青苗贷在一些地方变成了你想贷要贷,不想贷也要贷的乱政,在东京听闻了这一情况后,苏轼写道:"乃知青苗不许抑配之说,亦是空文。……且夫常平之为法也,可谓至矣……借使万家之邑,止有千斛,而谷贵之际,千斛在市,物价自平。一市之价既平,一邦之食自足。……今若变为青苗,家贷一斛,则千户之外,孰救其饥?……乃知常平青苗,其势不能两立。"这是说,苏轼认为中书规定青苗贷不许强行摊派只是一纸空文,而且原来朝廷有的常平法已经非常到位了。假如一个地方有万户人家,常平仓内有一千斛粮食,到了粮谷价格飞涨的时候,把这一千斛粮食投放进市场,粮价自然会降下来。一个地方的集市物价下来了,恢复正常了,那么一个地方的粮食也就能够自饱自足了。现在如果把常平法变为青苗法,假如每家贷一斛粮食,那么一千斛粮食不过能贷给一千户人家,这一千户以外的九千户人家,谁来救他们的饥饿困窘呢?

在这封几乎长达万言的奏议里,苏轼还抨击了许多新法中他看到和理解到的问题。其中尤有一句关键的话语,能够看出他和王安石对于大国政治的不同理解。苏轼说:"夫国家之所以存亡者,在道德之浅深,不在乎强与弱;历数之所以长短者,在风俗之厚薄,不在乎富与贫。"意思是说,一个国家存亡的关键,在于道德文化的浅深,不在于国力的强大或者弱小;帝国统治的长短,关键也在于风俗的厚薄,不在于富裕和贫穷。这种观点自然很有儒家逻辑的口吻,仿佛是圣人之言,在当时的文化语境里,一时之间或许让人难以置喙和反驳。但是仔细一想,便会觉得如此武断的说法是不符合大国政治的复杂情况,也是幼稚的见解。如果只强调精神道德层面的力量,而忽略科技发展,忽略财富,忽略生产力,忽略军事实力,一个民族,一个国家又怎么可能在强敌环伺的情况下生存下去呢?孔孟之道诞生的年代,中国周围从来没有过辽国这样的庞然大物,夷狄从来都是松散而相对弱小的,不可能对中原的周王朝构成致命的打击。但是到了北宋,现实已经完全不一样了。苏轼的雄辩会为这场新旧党争带来怎样的局面呢?他个人的命运又会如何在这场变法中起起伏伏呢?这就由下一章来回答。

四

通判杭州

这份自感雄于万马千军、尽驳新法于无地的奏议,并没有忠诚之士尽抒肺腑而感动九五的效果,相反,它似乎是被皇帝留中了。也就是说,皇帝既不评价这份奏议,也没有让大臣们讨论一二,看来皇帝是决定和拗相公一条道走到黑了。

两个月来的等待却毫无音讯,既没有严加申饬,也没有召对觐见。因此苏轼心急如焚,他自觉有为国为民进谏的责任,于是他又写了一份奏议,后来在历史上被成为《再上神宗皇帝书》。事在熙宁三年(1070年)二月。

这份奏议里大不敬的话就更多了。苏轼再也按捺不住,他直抒胸臆地写道:"《书》曰:'与治同道,罔不兴,与乱同事,罔不亡。'陛下自去岁以来,所行新政,皆不与治同道。立条例司,遣青苗使,敛助役钱,行均输法,四海骚动,行路怨咨。自宰相以下,皆知其非而不敢争。"这是说,《尚书·太甲下》里指出国家的安危在于所任用的官员,任用贤良就没有不兴盛强大的,反之如果任用奸佞,就没有不衰败灭亡的。陛下自从去年以来,所施行的新政,都不是和贤良睿智的元老重臣们深谋远虑推出的方案。创立制置三司条例司,派遣青苗使臣,敛聚助役钱,实施均输法,这些都导致天下骚动不安,老百姓都在埋怨叹息。而朝廷里从宰相以下的官员,都知道新法的种种问题,但是不敢说实话。

这还是只是开始,苏轼又写道:"近者中外欢言,陛下已有悔悟意,道路相庆,如蒙大赉(lài)(赏赐),实望陛下于旬日之间,涣发德音,洗荡乖僻,追还使者,而罢条例司。今者侧听所为,盖不过使监司体量抑配而已,比之未悟,所较几何。此孟子所谓知兄臂之不可紾(zhěn)(扭、拧),而姑劝以徐,知邻鸡之不可攘,而月取其一。帝王改过,岂如是哉?"这是说,近来中外臣民都私下里高兴地议论,以为陛下已经有悔悟的意思,街上的行人都恨不得额手称庆,好像得到了厚厚的赏赐一样,实际上呢不过是翘首期盼陛下在短时间内明发旨意,改除怪诞不经的种种新政,追还各路的青苗使臣等,罢制置三司条例司。然而现在久旱之望云霓的天下臣民躬身侧听陛下的所作所为,却不过是派监察地方的官员去办理一下强行摊派的事情罢了,比起没有悔悟的一意孤行,又相差多少呢?(陛下你这种行为)这就是孟子所说的知道兄弟的手臂不可以去扭去拧,却姑且劝说自己去慢慢地拧;知道邻居家里的鸡不能偷,却改为每个月偷一只。帝王难道应该像这样改正错误吗?!

苏轼又斩钉截铁地断言:"今日之政,小用则小败,大用则大败,若力行而不已,则乱亡随之。……内则不取谋于元臣侍从,而专用新进小生,外则不责成于守令监司,而专用青苗使者……不知希合苟容之徒,能为陛下收板荡而止土崩乎?"这是说,现今陛下推行的新法,在小范围内施行就在小范围内失败,如果在大范围内施行就会大大地失败,如果费尽力气去坚持不懈地实施新政,那么衰乱败亡也会随之而来！陛下在朝廷中枢不和元老重臣、翰林侍从们商量，而专门任用迎合新法、欠缺资历经验的新进小臣，对地方上又不责成各路转运使、提刑、提举常平等监司或是知州、郡守等官员监督新法，而是专用青苗使者（骚扰地方）……不知道这些工于奉承迎合陛下意思的人，能够为陛下在天下动乱的时候挽狂澜于既倒，扶大厦于将倾吗？

综上所述，苏轼先是说神宗皇帝自从起用王安石入参大政之后实施的改革全无是处并且暗示王安石根本不是合适的宰相人选，反而是惑乱天下的祸害，接着说天下臣民几乎都反对新法，对朝廷的新政怨声载道。苏轼甚至直言不讳地用师父、长辈的口吻严厉批评神宗皇帝没有任何改正错误的诚意，并且近乎危言耸听地说新法带来的恶果。他还不忘把王安石起用的吕惠卿、章惇、曾布等人不点名地称之为新进小生、希合苟容之徒……这可算是炮轰朝廷，口诛笔伐加于卿相了。这种如此激烈的措辞，几乎毫无避讳地把朝廷用事大臣得罪了个遍，更是对皇帝的大不敬。如果放在清朝，几乎就是抄家灭族的大罪。

但是在"国朝不杀士大夫"的北宋，这封奏议并没让苏轼身首异处、家破人亡，只不过又如上一封奏议一样，皇帝不作任何表示，似乎也是留中了。苏轼不禁感慨："万事早知皆有命，十年浪走宁非痴。"（《送安惇秀才失解西归》）

苏轼对新法的反对态度在朝野中已经人尽皆知，熙宁三年八月时一名叫谢景温的侍御史便上疏弹劾苏轼、苏辙二人曾经在治平三年回乡守制时，差遣地方士卒，并私自利用官船运送私盐、瓷器等进行贩卖牟利。弹劾一上，第二天皇帝便下令核查是否属实。

结果"事下八路，案问水行及陆行所历州县，令具所差借兵夫及柁工，询问卖盐卒无其实。"也就是说，经过详细的稽查，实际上对苏

四、通判杭州

轼的指控完全是牵强附会，甚至可以说是捕风捉影、子虚乌有的。

当时翰林学士、户部侍郎兼侍读范镇曾在祈求致仕的奏疏里为苏轼辩解，说先帝英宗治平年间苏轼兄弟的父亲苏洵去世，先帝曾赏赐绢百匹、银百两；韩琦、欧阳修也各赠三百两和二百两——这些苏轼都辞谢不受。因此苏轼的风骨气节，也能够大概显现了，怎么会拆借官兵、挪用官船贩卖私盐呢？完全是恶劣的诬陷。并且称赞苏轼"有古今之学，文章高于时，又敢言朝廷得失。"（《续资治通鉴》卷二百十六）

尽管查无实据，但是苏轼仍然感受到了政治斗争的残酷性，加之屡次上书皇帝都不曾理会，他的心自然是累了。到了次年熙宁四年（1071年）五六月间，参知政事冯京曾举荐苏轼来掌外制（即"直舍人院"之差遣，与翰林学士知制诰之内制并称，为外制。亦即是元丰改制后的"中书舍人"），如果成功，苏轼就一跃成为两制高官，仕途就大为不同了。但神宗未能允许。六月，恩师欧阳修以观文殿学士、太子少师致仕。屡无回应之下，失望而迷惘的大文豪苏轼上疏请求外放出京，离开这个是非之地。

神宗爱才，允许苏轼出外的同时准备升他的官，给予他知州的差遣，但是在政事堂的反对下，只好给他了通判的工作，也就是知州的副手。在这种情况下神宗皇帝给苏轼安排了一个江南风光秀美之所——杭州。是故熙宁四年六月，诏苏轼通判杭州。

苏轼在此年七月离开东京，赴杭途中在陈州与弟苏辙逗留七十余日。兄弟二人游山玩水，诗歌唱和，九月间同往颍州拜访致仕的欧阳修，最终苏轼与苏辙于颍州分别。苏辙此前曾于熙宁二年在王安石变法的核心机构制置三司条例司里担任检详文字之职，后因反对新法自求出外，随与二苏友善的张方平至陈州任学官。二人离别之际，情深难舍，苏轼为诗曰："征帆挂西风，别泪滴清颍。留连知无益，惜此须吏景。"(《颍州初别子由》)苏轼自是知晓此别之必然,弟当复回陈州为教授,他则是要赴钱塘为佐贰,然而人生飘忽之间,欢聚之景纵然短暂,仍是让人难舍!这真是如《诗经》所言:"常棣之华,鄂不(借为柎,大也)韡韡(wěi)(鲜明茂盛的样子)。凡今之人,莫如兄弟。"兄弟之情,正如棠棣之花,灿烂温暖。

苏轼于十一月二十八日到杭州。一上任,苏轼就不得不面临朝廷次第铺开的各项新法。心中烦闷之余,乃又想起在陈州的苏辙,于是苏轼又为诗寄苏辙以抒胸臆。诗曰:"眼看时事力难任,贪恋君恩退未能。迟钝终须投劾去(呈递弹劾自己的状文,犹弃官也),使君何日换聋丞(典出《汉书》卷八十九《循吏列传·黄霸》:"许丞老,病聋,督邮白,欲逐之。霸曰:'许丞廉吏,虽老,尚能拜起送迎,正颇重听,何伤?且善助之,毋失贤者意。'"后以"聋丞"为地方副佐之称。)。"(《初到杭州寄子由》)这是说,苏轼对于要辅佐杭州知州沈立落实朝廷的新法感到很不情愿,因此说自己"力难任",只是现在差遣在身,想要求退也一时半会不可能。但是苏轼自嘲说自己大约终有一天是要自求解官的,不知道何时杭州的太守能够有一个新的佐贰通判呢?苏轼这一时期流露的倦怠仕途的心理,和反对新法却不被皇帝重视是分不开的。

苏轼抵达杭州后便不免要寻些机会寻山游湖,以排遣烦闷之情。孤山、灵隐、西湖等钱塘名胜之处都留下了他的身影和诗文。

苏通判甫下车马,就去了孤山造访两位与欧阳修有旧的僧人,并赋诗为念,即《腊日游孤山访惠勤惠思二僧》:

天欲雪,云满湖,楼台明灭山有无。
水清石出鱼可数,林深无人鸟相呼。

四、通判杭州　67

腊日不归对妻孥，名寻道人实自娱。
道人之居在何许？宝云山前路盘纡(yū)。
孤山孤绝谁肯庐？道人有道山不孤。
纸窗竹屋深自暖，拥褐坐睡依团蒲。
天寒路远愁仆夫，整驾催归及未晡(bū)。
出山回望云木合，但见野鹘(hú)盘浮图。
兹游淡薄欢有余，到家恍如梦蘧蘧(qú)。
作诗火急追亡逋，清景一失后难摹。

　　天色欲雪，沉云满湖，楼阁寺庙和孤山都若隐若现。然而近处湖水清澈，游鱼可数，附近的林间幽寂空旷，鸟雀相闻。苏轼是十分可爱的，他说自己腊日不回家陪着妻子孩子，名义上是要寻访有道高僧，实际不过是自己偷着乐。苏轼从山路拾级而上，道人的居所在哪呢？恰在宝云山上回旋曲折之处。到得寺院里，苏轼看到禅房纸窗竹屋，幽深而不失暖意，那褐衣跏趺而坐于蒲团上的不正是惠勤、惠思二位大师吗？苏轼与二僧相谈甚欢，几个时辰倏忽而过，跟着他上山而来的仆役忧愁天寒路远，未及黄昏，便催他早些下山。苏轼下山后仍然颇为不舍地回首眺望，但见云树朦胧，野鹰盘旋佛塔之上。此次游山访道，可谓清欢而自乐甚多，到得杭州城自己的通判府上仍然觉得仿佛是梦中一般颇为悠然。这番感受之下，立即作诗留念，匆忙得仿佛在追捕逃寇，只因山间清丽难言之色，稍待片刻便再难描摹了！

　　苏轼一边做着通判的工作，一边在钱塘游山玩水，时间很快到了熙宁五年(1072年)。这一年的闰七月，恩师欧阳修逝世。这无疑是出乎苏轼意料之外的。去年他尚与苏辙一同拜访欧阳修，且留有诗歌纪念。《陪欧阳公燕西湖》中云:"插花起舞为公寿,公言百岁如风狂……不辞歌诗劝公饮,坐无桓伊能抚筝。"苏轼不久前才为恩师祝寿,甚至大约以桓伊哀筝为谢安辩言的典故,对朝廷不能用欧阳修老成之见而鸣不平,没想到一年不到,公已溘然长逝。

苏轼与惠勤共哭于山寺,此后乃作祭文一篇,即《祭欧阳文忠公文》。其中说:"民有父母,国有蓍(shī)龟。斯文有传,学者有师,君子有所恃而不恐,小人有所畏而不为……今公之没也,赤子无所仰芘,朝廷无所稽疑,斯文化为异端,而学者至于用夷。君子以为无为为善,而小人沛然自以为得时。"苏轼悼念恩师之际又痛斥新法了。他说古来百姓有恩养子女的父母,国家有德高望重的元老。礼乐文化、圣贤道统得以传承,是因为士人学子有欧阳公这样的老师,因而朝野君子能够有所依靠而不担忧(小人攻讦、弄权),奸邪小人便有所畏惧而不敢肆意妄为……现在欧阳公辞世,学子后辈们失去了仰仗和庇护,朝廷也失去了可以咨询大事的重臣,如今(王安石变乱科举)朝廷礼乐文教恐有沦为异端邪说之虞,读书治学之人或有违背圣贤言教之患。君子治国当以无为而治为善,奸邪小人则急不可耐地乱政祸国而自以为切中时弊。

祭文中又云:"昔我先君,怀宝遁世,非公则莫能致。而不肖无状,因缘出入,受教于门下者,十有六年于兹。闻公之丧,义当匍匐往救,而怀禄不去,愧古人以忸怩。缄词千里,以寓一哀而已矣。盖上以为天下恸,而下以哭其私。呜呼哀哉!"苏轼回忆起自己业已离去的先考苏洵,说老父曾经怀才不遇,隐居蜀中,若非得欧阳修大力褒奖,岂能入京展布所学,效力朝廷呢?因此苏轼对欧阳修的感激是很深的,不仅仅因为自己的缘故。他回忆起自嘉祐二年礼部会试成为欧阳修门生至如今熙宁五年,一晃已是十六年过去。苏轼听闻欧阳修逝世,本自当是匍匐哭往而吊之,但是差遣在身,不能得去,只能五内俱焚,羞愧难当。祭文中言辞之痛切真诚,也是不难一见的。足可知苏轼对欧阳修感念之情。

另一方面,杭州是个风景旖旎的江南城市,苏轼在这里做通判,也不失为一桩美差。他在陶醉于湖光山水之外,亦能做一些利益地方的事情,如为杭州百姓修复"六井",让他们能喝上甘甜可口的水而改变了过去苦涩的水质。但是当他看到新法的种种实施情况之后,他完全忘记了好友文同此前的劝告:"北客若来休问事,西湖虽好莫吟诗"。相反,他写了很多诗来表达自己的不高兴。

熙宁五年十月间,两浙路转运司令苏轼督河工,然而繁重的劳役给民众带来的痛苦令他深为不忍。苏轼作诗一首《汤村开运盐河雨中督役》:

> 居官不任事,萧散羡长卿。胡不归去来,滞留愧渊明。盐事星火急,谁能恤农耕。薨薨晓鼓动,万指罗沟坑。天雨助官政,泫然淋衣缨。人如鸭与猪,投泥相溅惊。下马荒堤上,四顾但湖泓。线路不容足,又与牛羊争。归田虽贱辱,岂失泥中行。寄语故山友,慎毋厌藜羹。

这是说,苏轼羡慕汉时司马相如可以居官职却不做烦琐的具体事务,潇洒非常;又惭愧自己不能归隐不仕,弗如陶潜远甚。何以苏轼如此惆怅呢?原来当时,卢秉提举两浙路盐事,要开凿运河,差附近农民供役使者多达千余人。苏轼曾直言,谓此运河不过是运官盐之用,并非为农事而开凿,如今却要役使如此多的农民,且秋田耕耨未毕,必然妨碍农事。客观来说河中有较严重的涌沙现象,开凿不便,然而这些意见毕竟没有得到采纳。相反,苏轼不得不在大雨中部属农民们开河。因此他感慨,朝廷的盐事似乎如星火一般紧急,好像现在不马上办就办不了了,可是谁来体恤种田农民的疾苦呢?河岸上轰隆隆的鼓声一响,清晨千余农民便要在河床里刨挖。然而上天还要下倾盆大雨来"帮助"朝廷的政务,把人淋得里外湿透。苏轼看到,做着河工的农民们在大雨磅礴中犹如牲畜一般,在泥水四溅里劳苦不堪。苏轼再也忍耐不住,从马背上下来,到荒堤上要就近视察情况,然而环顾周遭,尽是湖沼,荒堤上道路狭窄,几乎无从措足,要与搬运工具、泥沙的牛羊摩肩接踵。在大雨中,苏轼无比同情服役的百姓,也为自己与牛羊争路的窘迫而感到烦躁,但他却更感到无可奈何。因此他在诗歌结尾才说,归田乡里虽然看似贫贱,但哪里会有如今这样跻于泥水之中的困苦!我苏轼不免要寄语山中故友们,还是隐逸得其乐,且莫厌粗食啊!

从中我们不仅能看到苏轼对百姓发自肺腑的关爱和他作为一个读书人的良心,同时也能感受到他对朝廷新法的不满。如果说上述这首诗还只是稍涉讽刺,那么以下几首就是在公然表达不满,宣扬反调了。

熙宁六年(1073年)一月,新城县回杭州道中,经过山村,苏轼写了有名的《山村五绝》来嘲讽新法之扰民。

由于朝廷施行新的盐铁专卖的盐政,有些贫困的民众甚至买不起官盐,苏轼于是写道,"老翁七十自腰镰,惭愧春山笋蕨甜。岂是闻韶解忘味,迩来三月食无盐。"(《山村五绝》其三)这是说,我看到一个古稀之年的老翁亲自在腰间绑了一把镰刀,到山里挖野山笋吃,可是他却惭愧地吃不出春笋的甜美。为什么呢?难道是他境界高迈,有若孔子听了韶乐一样忘记了美食的味道么?错了,他不过是近三个月都没吃过盐啊!——这毫无疑问,是在攻击朝廷的盐法措置不当,致使百姓吃不起官盐。

看到为了借贷青苗钱的农民们在城里来回奔波,他写道:"杖藜裹饭去匆匆,过眼青钱转手空。赢得儿童语音好,一年强半在城中。"(《山村五绝》其四)这是说那些农民们拄着拐杖,带着干粮从乡下赶到城里,费尽辛苦借来的青苗钱转眼就用光了。怎么还、何时能还得上都是一个问题。但倒也有个好处,就是跟着一起去的儿童们已经能说时髦的城里话了,因为他们一年中有大半的时间跟着大人耗在城里折腾青苗贷!——显然,这是在辛辣嘲讽青苗法,指责青苗法非但没有利民反而扰民。

类似这样的诗句有没有给苏轼带来麻烦呢?《续资治通鉴长编》卷三百一"元丰二年十二月"条记载了这样一则有趣的事情:

> 王铚《元祐补录》:沈括集云,括素与苏轼同在馆阁,轼论事与时异,补外。括察访两浙,陛辞,神宗语括曰:"苏轼通判杭州,卿其善遇之。"括至杭,与轼论旧,求手录近诗一通,归则签帖以进,云词皆讪怼。轼闻之,复寄诗。刘恕戏曰:"不忧进了也?"……元祐中,轼知杭州,括闲废在润,往来迎谒恭甚。轼益薄其为人。

这是说,沈括过去和苏轼同在馆阁任职,当时王安石用事变法,苏轼议论朝野新法之事,多与朝廷、宰相之见不合,补外为通判。沈括当时正以"太子中允、集贤校理、检正中书刑房公事"之职改"相度两浙路农田水利、差役等事兼察访"的差遣,也就是巡按两浙农田水利等事的意思。临行的时候,神宗大约仍是爱才,便特地对沈括说:"苏轼在杭州做通判,卿对其可优待些,问候一二。"沈括到了杭州,自然与苏轼谈论起过去在东京的旧事,又称扬苏轼诗文甚妙,求手抄一份带回去慢慢欣赏。结果沈括回到东京后就在苏轼的诗文下面做了一番批注,进呈给神宗皇帝,说苏轼诗文多有谤讪、怨怼君父和朝廷的。苏轼听说了这事情,仍是我行我素,依旧写诗寄诗给自己的亲朋好友。辅助司马光修《资治通鉴》的刘恕大约听闻了这事情之后便在来往书信里对苏轼戏称:"子瞻你现在不怕再有人把你的诗文进呈到御前了吗?"……元祐年间,苏轼帝眷甚荣,出知杭州时沈括正贬官在润州。沈括乃对苏轼往来迎送十分恭敬,苏轼反而因此更加轻视沈括的为人。

姑且不论沈括为人如何,苏轼实在是口无遮拦,非但不以诗文可能令皇帝不悦为怵,反而继续拿着笔杆子吟诗作赋,真是能人之所不能,为人之所不敢为。当然,因沈括于熙宁七年三月改差遣"同修起居注",故苏轼知晓此事必在熙宁七年三月之后了。

因此,尚不知晓沈括在御前小动作的苏轼更是毫无忌惮。此年八月十五日,苏轼去往钱塘江观潮,面对汹涌澎湃、浩浩荡荡的波涛之象,他又忍不住写道:"吴儿生长狎涛渊,冒利轻生不自怜。东海若知明主意,应教斥卤变桑田。"(《八月十五日看潮五绝》)这是说,吴地的男儿们为了谋生在江湖海涛中冒险轻生,甚至不自我怜惜。东海龙王如果知道我皇宋圣明天子体恤百姓的心意,应该叫海边的那些难以耕种的盐碱地都变成良田沃土啊！——表面上看似乎在祈祷大自然为了皇帝陛下和大宋万民能够天遂人愿，但越仔细品味，越像是在嘲讽农田水利法。因为东海不可能因为天子要如何便令盐碱地变成良田，这是荒诞不经的说法，等于说朝廷搞的农田水利法也是事倍功半，纯粹瞎折腾。

同年十月，知州陈襄赏牡丹花归后赋诗，苏轼便也不甘落后，诗兴大发，赋诗《和述古冬日牡丹》云："一朵妖红翠欲流，春光回照雪霜羞。化工只欲呈新巧，不放闲花得少休。"述古是陈襄之字。前二句问题尚不大，值得玩味的是后面两句。字面来看，似是说这天地造化之大工匠只想着呈现新颖奇巧之美，不肯令花花草草有半点休憩。仔细一辨，这化工恐怕比拟的正是当朝宰执，所谓不令闲花得休，即是说新法扰民，百姓们不胜其烦又苦不堪言。赏个花都不忘在文字里夹枪带棒地讥讽朝政，批评宰相和新法。但或许，这便是他不同于一般官僚而格外可爱之处吧？

在杭州他还留下了一些截然不同的故事。袁文的《瓮牖闲评》一书卷五中记下这样一个浪漫的故事。苏轼有一日遇到好友刘贡父（即刘攽，字贡父，辅助司马光修撰《资治通鉴》。）来访，二人同游西湖。到了湖心，不意有一艘小船翩然而至。船舱中探出一容貌妍丽、气宇甚佳的女子。但见她娓娓道来，说自己豆蔻少年时即仰慕苏轼才名，因为尚在闺阁之中，根本没有机会能够一睹偶像风采。如今已经嫁做人妇，现在听闻苏轼游西湖，不避冒犯之罪唐突而来，因为善于弹筝，请献一曲而恳求苏学士为她填词一首，作为终身的光荣。苏轼感其高雅娟秀，不忍拒绝，与刘贡父二人听得她美妙乐曲，便一挥而就，写下一首《江神子》。

凤凰山下雨初晴。水风清。晚霞明。一朵芙蕖,开过尚盈盈。何处飞来双白鹭,如有意,慕娉婷。　忽闻江上弄哀筝。苦含情。遣谁听。烟敛云收,依约是湘灵。欲待曲终寻问取,人不见,数峰青。

尽管有人认为这样浪漫的故事完全是附会的不实之说,但不管怎样,这首词写得非常漂亮。苏轼描绘了一位绰约飘逸的女子宛若湘水女神,在黄昏的霞光湖色中神秘凄美地出现,一曲幽怨之后,又悄然不见,只留下青峰数座矗立江岸。这确乎是种美丽动人的诗词意境。刘攽来访一事当在熙宁六年七八月间。

然而在北宋人王辟之的《渑水燕谈录》中记载了另一个耐人寻味的苏轼。这本书的卷十记载道:

子瞻通判钱塘,尝权领州事,新太守将至,营妓陈状,以年老乞出籍从良,公即判曰:"五日京兆,判状不难;九尾野狐,从良任便。"有周生者,色艺为一州之最,闻之,亦陈状乞嫁。惜其去,判云:"慕《周南》之化,此意虽可嘉;空冀北之群,所请宜不允。"其敏捷善谑如此。

事情应在熙宁五年八九月间。时原先的知州沈立离职离开杭州,新知州陈襄尚未到任。

材料里说苏轼担任杭州通判时曾经代理知州一把手的权力,新太守即将抵达杭州但仍未至,有一位营妓向苏轼提出申请,说自己年龄很大了,恳请把她从娼妓的贱籍中勾去,让她能够做良家妇女。在宋代,妓女或曰伎女大体都是朝廷管辖的,一般交给州郡和军营编管。如营妓是隶属军营的,为将领和士兵们提供娱乐;官妓则是隶属地方州郡教坊的歌舞伎,通常给地方官员举行宴会时唱歌跳舞助兴,是不允许卖身的;家妓则是富贵人家养在家里的伎女。

苏轼就写下判词说:"虽然我有如西汉时的张敞只是个五日京兆,即将离任,但是我判状却手到擒来。你从良就从良吧,本府准了!"于是有一位姓周的妓女,容貌技艺都是杭州最有名的魁首听闻之后也写了状子,请求允许她脱离贱籍,可以从良嫁人,从此过上相夫教子的生活。没想到苏轼竟写下这样的判词:"你仰慕《诗经·周南》里'窈窕淑女,君子好逑'和'之子于归,宜其室家'的教化,这种念头虽然值得嘉奖称赞,但是可惜,像你这样的花旦是要给官府在办事的时候充台面,办大事的,让你走了那就犹如韩愈在《送温处士赴河阳军序》中说的那样,伯乐一经过冀北的原野,马群都空了。因此你的请求还是应当不能允许的。"

值得注意的是,记下这则故事的王辟之是这样评价的,他说苏轼处理公务、断判状子的才思如此敏捷,又如此诙谐幽默,真是有趣。这说明,在当时的官员士大夫和读书人心目中,社会最底层的贱籍之人,确乎是没有人身尊严和自由可言的,只是高高在上的官僚们可偶尔垂怜也可完全照章办事的一种工具,如此而已。在这一点上,也许并不能苛责苏轼,因为毕竟他生活在一个主流观点就是如此的时代,他只是没有超越于那个时代而已。

然而我们不妨思考一番,苏轼只是这样幽默了一下,只是这样"惜才"了一下,一位贱籍女子想要改变她人生,想要嫁做人妇,相夫教子的愿望就这样破灭了。只恐怕,这位周姓女子一辈子都将继续操持贱业,直到年老色衰。她的人生就这样因为苏轼的一纸判词而很可能再无希望。在对贱籍百姓的问题上,苏轼身上并没有高于传统官僚士大夫的品质,这也无须为贤者讳。

但苏轼终究是有着高于当时士大夫群体道德品质的一面。熙宁六年他曾与友人晁端彦有书信往来,论及新法事宜。晁端彦时为淮东提刑,执掌淮南东路一路之刑狱。诸君不妨一观其中片段,且看苏轼要与他如何议论。《与晁美叔二首》其一云:"某此无恙,但奉行新政,多不如法。勘劾相寻,日俟汰遣耳。"苏轼说自己这边没什么大碍,只是自己作为通判辅佐太守推行新法十分不力,恐怕朝廷就要接二连三地对我核察定罪,我不过是每天等着被贬谪落职罢了。这些话实际上完全是对新法的牢骚话,并不是苏轼才不堪奉行新法,而是不愿意去推行罢了。比较值得注意的是第二封书信,其中云:"(晁端彦)向承出按淮甸……然仁者于此时力行宽大之政,少纾吏民于网罗中,亦所益不少。此中常赋之外,征敛杂出,而监禁繁密,急于兵火,民既无告,吏亦仅且免罪,益苟简矣。向闻吾兄议论,颇与时辈不合,今兹恭履其事,必有可观者矣。"苏轼说晁兄此前出京担任淮东提刑,当要在此动荡之时力行宽大之政,使得小吏与底层百姓可以稍免于严刑峻法的罗网之中,(如果这样做了)实在是获益匪浅的。淮南东路常赋之外,各种征敛十分多,而形形色色的官榷、禁令数不胜数,对百姓的限制急如兵火。老百姓们已经无处申告,小吏也不过是免罪而已,办事上也就更加的苟且草率。听说晁兄政见和现在那些钻营附和的人颇不同,如今亲御宪车,为一路提刑,必定能为官一任,造福一方,而大有可为啊!

苏轼所在杭州乃是两浙路监司所辖,并非为淮东所管,然而苏轼本着爱护百姓的信念,总是要找机会影响到为官地方的亲近友人,他这种真正将百姓生死安危放在心头的态度,在官僚之中,实在太难能可贵了。巧的是,此年即熙宁七年五月,晁端彦又从淮东提刑任上迁两浙路提刑,那么苏轼对他的劝导,或许能惠及钱塘了。也难怪苏轼高兴地写道:"君持使者节,风采烁云烟。"(《怀西湖寄晁美叔同年》)

值得一提的是,朝云入苏轼宅中正是在此时期,约即在熙宁七年九月。朝云字子霞,姓王氏,钱塘人。入苏轼宅中时乃十二岁。

在杭州的三年通判任上,苏轼尽管能够于秀美的湖光山色中沉醉一时,然而政治上的失望之情总是难以压抑。约在熙宁六年初所作的《行香子》一词中,可以窥见彼时他内心的苦闷、沮丧。

一叶舟轻,双桨鸿惊。水天清、影湛波平。鱼翻藻鉴,鹭点烟汀。过沙溪急,霜溪冷,月溪明。　重重似画,曲曲如屏。算当年、虚老严陵。君臣一梦,今古空名。但远山长,云山乱,晓山青。

词的大意是说,驾一叶扁舟,双桨击水,轻盈有如飞鸿掠过湖面。水天一色清澈晶莹,光影闪耀湖波风平。鱼跃于明镜般的水面,白鹭点点,掩映于烟云缭绕的水中小洲。过此沙溪,想来清晨拂晓当有寒意,月夜阒寂当明亮剔透。眼前的锦峰秀岭重重叠叠,连绵起伏如画卷、如屏风。遥想当年,汉光武帝刘秀的少年挚友严子陵在刘秀成为皇帝后不肯入朝为官,高隐山林,白白虚老了光阴。只是这君臣遇合的美梦,也不过是历史长河里的虚名啊,而今帝王高士,又安在哉?只看到远处的青山重峦叠嶂,连绵无尽,山间云气,缭乱神秘,晓山晨曦,苍翠欲滴。

从"君臣一梦,今古空名"这一句不难看出,苏轼似乎在此刻已经很难相信君臣相知,也不再幻想这种君臣之谊。他感觉到远在钱塘,中书的新法正在一项又一项地实行到地方,而他的那些谏言皇帝恐怕早已不放在心上。

熙宁七年五月,朝廷命苏轼移知密州。由通判而任知州,这无疑是提了一个级别了。本应是高兴之事,但苏轼启程离开杭州,赶赴密州之时,心中却也是百感交集。

他在赴密州时于马背上写下一首《沁园春》,寄给弟弟苏辙。

孤馆灯青,野店鸡号,旅枕梦残。渐月华收练,晨霜耿耿;云山摛(chī)锦,朝露漙漙(tuán)。世路无穷,劳生有限,似此区区长鲜欢。微吟罢,凭征鞍无语,往事千端。

当时共客长安。似二陆初来俱少年。有笔头千字,胸中万卷;致君尧舜,此事何难。用舍由时,行藏在我,袖手何妨闲处看。身长健,但优游卒岁,且斗尊前。

苏轼走得很早,从词上阕的意境里看,他似乎寂寞清冷,孤馆晨霜,满是凄凉。在一个月色渐收的拂晓时分,寒意阵阵,天光已亮。云山如锦缎招展,朝露与晨辉相映。他想到世路漫漫,人生有限,而总是坎坷良多,欢畅屈指可数。想起往事无数。当年和弟弟苏辙一起进京会试,就像西晋的陆机和陆云兄弟初到京师时一样风华正茂。曾经自诩文章妙手、学富五车,以为致君尧舜又有何难。现在才明白,仕途之中进与退、被重用与被闲置,这都是时也命也,但人世和归隐,这也可以由自我所决定,何妨在不顺意时笑看风云。所幸你我兄弟二人还身体健康,只需悠闲度岁,享受生活,兴致来时,大可一饮杜康,一慰平生块垒。

　　他的离开,并不愉快。曾经的抱负,也只能徒换而今的自嘲。然而大约正是在通判杭州时期,苏轼开始填词。在密州,他的词还会达到一个更惊为天人的境界,这或许是他所不曾料到的。

五
为官密徐

熙宁七年(1074年)十一月,苏轼抵达密州(今山东诸城)。在这一年的四月,迫于各方压力,神宗皇帝罢免了王安石同平章事,但按王安石的意见,任用韩绛接替他的宰相职位,并用亲信吕惠卿担任参知政事,继续实行新法。

此年七月,吕惠卿用其弟吕和卿之策,通过司农寺颁布手实法。所谓手实法,本亦并非吕惠卿首创,唐代已有类似之法。吕惠卿制定的手实法令百姓自报田宅财货等一应事物以定户等,甚至连家里养几只牲畜也要自行申报,同时规定可以举报他人隐匿财产或者申报不实,一经查证,以犯法者查获资产的1/3充赏。这种覆盖范围如此之广、如此细密,又鼓励人告密获赏的法令,自然是百弊丛生了。苏轼对于这一由司农寺颁布的法令非常不满,对密州所在的京东东路提举常平之官员说:"违反法度之罪,如果是因为违背朝廷法令,谁敢不服?现在这手实法是出自司农寺,乃是擅自编造律法,成何体统!"过去仅为凤翔府一签判,就胆敢修改衙前役细则,如今作为一州太守,苏轼更是顶着司农寺和其背后大参吕惠卿的压力,几乎是拒不推行手实法。应当承认,苏轼是预见到了手实法扰民害民的弊端的,因此才以一个有良心、有担当的士大夫的风骨，拒不服从上级指挥，这种牛脾气在他一生中亦是极为常见的。足以说明苏轼具备先见之明的是，次年熙宁八年十月，朝廷看到了手实法弄得地方上鸡犬不宁，人皆惶恐，又罢废了此条新法。苏轼在密州的坚持得到了胜利的果实，密州百姓也"私以为幸"。（事据苏辙《亡兄子瞻端明墓志铭》）

甫一到任，苏轼即以勤于政务的态度做了许多调研工作，了解密州方方面面的地方民情。他将这些情况和自己思考的对策写成了《论河北京东盗贼状》。他说河北东路和京东东路"比年以来，蝗旱相仍，盗贼渐炽。今又不雨，自秋至冬，方数千里，麦不入土"。亦即是说，两路近年来蝗灾、旱灾接二连三地频繁爆发，盗寇越来越多。自秋至于冬，久旱不雨，数千里之地都无法种下麦子。然而面对这种窘境，大部分官员只是如此："今流离饥馑，议者不过欲散卖常平之粟，劝诱蓄积之家。盗贼纵横，议者不过欲增开告赏之门，申严缉捕之法。"议事官僚们完全是想当然又不负责任地提出以常平仓储之粮赈济售卖和征调颇有积蓄的富户之家余粮的办法；针对盗寇纵横，他们又只能提出增开告发奖赏的门路、申令严格执行缉拿抓捕的法度。这些建议都是缺乏对地方实情的调查了解的。

苏轼又说："且天上无雨，地下无麦，有眼者共见，有耳者共闻。决非欺罔朝廷，岂可坐观不救？"原来，宋代有规定，赈灾也好，减免税赋也罢，都必须先行勘验灾情，以定赈灾放税与否和其具体细节。而如今天不雨，地无麦，这是有目共睹，毋庸置疑的。因此他提议"欲乞河北、京东逐路选差臣僚一员，体量放税，更不检视。"也就是说，苏轼主张尽快派遣专员到河北东路、京东东路当地考察衡量具体灾情，并采取减免税赋的赈济措施，不要再多此一举地检视地里根苗情况。考虑到万一方案在皇帝那边通不过，苏轼又退一步说："若未欲如此施行，即乞将夏税斛斗，取今日以前五年酌中一年实直，令三等已上人户，取便纳见钱或正色，其四等以下，且行倚阁。"这是说，乞请将夏税所要征收的粮食数额，取过去五年中较折中的一年之实际数额，令三等户以上之家，随其方便缴纳现钱或者布帛、谷物，四等以下之家，暂时延缓征缴。

针对河北、京东路盐税激增，所谓"课利日增，盗贼日众"，苏轼认为应当"欲乞特敕两路，应贩盐小客，截自三百斤以下，并与权免收税"，即是要暂且给予售卖三百斤以下的小盐贩免税的优惠政策。因为"煮海之利，天以养活小民，是以不忍尽取其利，济惠鳏寡，阴销盗贼。"煮海贩盐的利益，是上天用以养活滨海小民的，因此朝廷应当怀仁而不忍尽取其中利益，（归利于民）这样就能帮助到鳏寡孤独之人，又在不知不觉中消弭盗贼了。苏轼知道这奏议递上去，照例是有人唱反调的，所谓"议者必谓今用度不足，若行此法，则盐税大亏。"苏轼指出，这种办法即使有亏损，也不过是税收数额如祖宗所定额度一般，比原来的少十万贯左右。他进一步说："苟朝廷捐十万贯钱，买此两路之人不为盗贼，所获多矣。今使朝廷为此两路饥馑，特出一二十万贯见钱，散与人户，人得一贯，只及二十万人。而一贯见钱，亦未能济其性命。若特放三百斤以下盐税半年，则两路之民，人人受赐，贫民有衣食之路，富民无盗贼之忧，其利岂可胜言哉！若使小民无以为生，举为盗贼，则朝廷之忧，恐非十万贯钱所能了办。又况所支捉贼赏钱，未必少于所失盐课。臣所谓'较得丧之孰多，权祸福之孰重'者，为此也。"苏轼的逻辑显而易见又极具说服力。假如朝廷为了赈灾拿出二十万贯钱，一人分一贯，不过能惠及二十万人，何况一贯钱也救不了他性命！反过来如果朝廷免除三百斤盐以下的税收,就可以令两路百姓人人受益,因为贫民有鬻盐活命的路子,富民也就没有盗贼侵扰的忧患了。两路小民一旦活不下去,没有谋生的合法路子,恐怕就会被迫全部变成盗寇,那时候的问题,十万贯能解决吗?

最后他谈到了重罚盗贼一事。苏轼主张"信赏必罚,以咸克恩,不以侥幸废刑,不以灾伤挠法"。因为一旦不对盗贼严加诛罚,为贼寇之人就会以为犯罪成本较低,而寻常百姓又担心他们打击报复,便不敢告发。仔细读来,苏轼的文章不仅写得好,心思亦中正仁爱,针对地方问题又颇能一针见血,他在初到密州时真是做足了实地调查。

熙宁八年(1075年)四月十一日,在密州已经憋屈了好一阵的苏轼又忍不住写诗讥讽新法了。他写诗寄给友人刘述,即《寄刘孝叔》。孝叔是其字,刘述亦是反对王安石、反对新法的急先锋之一。早在王安石为参知政事之时,刘述就反对他和神宗违背祖制,令御史中丞自行举荐官员入台为御史(因宋时通常台谏官员的除授乃是例由侍从两制举荐,台长是不可以擢拔推举的,且按制必须本官为京朝官之文臣方可充任台谏)。熙宁二年时刘述以知杂御史兼判刑部郎中,又因为"登州阿云"一案和王安石大唱反调,封还神宗按照王安石意见断案的敕令,导致王安石令开封府推官王克臣勘劾刘述罪责。刘述干脆拉起人马,伙同御史刘琦、钱顗(yǐ)等一起上疏弹劾王安石,说他恣肆妄为,变乱法度,专以管仲、商鞅权诈之术误惑陛下;甚至指使小官著作佐郎章辟光献岐王迁外之说,离间陛下至亲骨肉云云,必须要罢黜王安石。甚至说要连带把尸位素餐的首相曾公亮、参知政事赵抃一起都罢免了。一封奏疏要罢免三个宰辅执政级别的大员,刘述这种直率性格也就难怪对苏轼的胃口了。神宗正要依仗王安石进行大刀阔斧的变法,这种时候怎么可能同意类似要求的弹劾,最后刘述自然是给贬谪出外了。

苏轼在诗中写道:"君王有意诛骄虏,椎破铜山铸铜虎。联翩三十七将军,走马西来各开府。"当时(熙宁七年九月)朝廷在开封府京畿地区和京东、西路及河北路一一设置将官、副将,给虎符,掌训练,苏轼就写诗说朝廷似乎是想要对夷狄大动干戈了,语气之间,似涉讥讽。接着几乎是连珠炮似的、直言不讳地讽刺各项新法:"南山伐木作车轴,东海取鼍(tuó)漫战鼓。汗流奔走谁敢后?恐乏军兴污资斧。保甲连村团未遍,方田讼谍纷如雨。尔来手实降新书,决剔根株穷脉缕。诏书恻怛(dá)信深厚,吏能浅薄空劳苦。"伐木、捕鳄等都是讽刺徭役繁重。后面几句是说保甲法、方田均税法搞得地方上鸡飞狗跳;手实法繁琐的各种新规又令地方胥吏不能尽晓其中头绪。苏轼不忘说,陛下的诏书确实是对百姓充满了慈爱恻隐、忧民疾苦之心,但是底下办事的官吏们浅薄无能,最后不过是劳神伤财一场空啊!"况复年来苦饥馑,剥啮草木啖泥土。今年雨雪颇应时,又报蝗虫生翅股,忧来洗盏欲强醉,寂寞空斋卧空甒(wǔ)(盛酒的瓦器)。公厨十日不生烟,更望红裙踏筵舞。"这是说近年来河北、京东都是饿殍遍地,老百姓甚至要吃野草、啃泥土了!话里话外,似乎是暗示新法搞得天怒人怨,灾害频仍。好不容易今年雨雪来得还算是时候,又闹起了蝗灾!我老苏想要洗杯换盏图个一醉解千愁吧,这府衙里面酒都几乎找不到一滴!甚至府衙的厨房里十天不生火做菜了,更别提歌舞伎女舞于厅堂,以佐诗酒之兴了!苏轼这大约是在不满公使钱变少又公事繁多。作为一个有血有肉的真实人物,苏轼自然也有着颇喜宴乐的一面。他接着说:"故人屡寄山中信,只有当归无别语。方将雀鼠偷太仓,未肯衣冠挂神武。吴兴丈人真得道,平日立朝非小补。自从四方冠盖闹,归作二浙湖山

五、为官密徐 | 85

主。"苏轼自嘲说山中故人屡屡寄信劝自己早归泉林,但是他贪慕俸禄,只好如麻雀老鼠偷食太仓米粟一样未能挂冠了。刘述是湖州人,因此苏轼以"吴兴丈人"的称呼赞美他深知用舍行藏之道,过去在朝中为官时就敢于谏诤,敢于向当权宰辅们开炮,是个好汉,对国家大事补益非小啊!现在朝廷推行新法,天下各路、州郡、府县都是新法的使者或者提举官,还是老刘你机灵,得了提举崇禧观的闲职,去做两浙湖山的逍遥主人啦!

就在苏轼口无遮拦地用大火力在诗文里抨击新法的时候,朝廷却仍然在推行新政,而旧党的元老韩琦在这一年的六月则逝世了。苏轼闻此噩耗,亦是作了祭文,在其中盛赞他于仁宗、英宗驾崩时两次定策之勋,比其为伊尹、周公;又追忆了韩琦对苏洵、苏轼的诸多帮助。

另一方面,苏轼于熙宁七年年末抵达密州的时候,如其在奏议中所言,正赶上当地严重的蝗灾、旱灾。他一面指挥民众用火烧等方式除蝗,又在次年春天四月初之际,亲自前往据说十分灵验的常山向山神祷告求雨。颇为好运的是,这次求雨居然真的让久旱闹蝗的密州下起了大雨。

为此,他赋诗一首《次韵章传道喜雨》:"去年夏旱秋不雨,海畔居民饮咸苦。今年春暖欲生螈(yuán),地上蟁蟁(jí)多于土。……常山山神信英烈,总驾雷公诃电母。应怜郡守老且愚,欲把疮痍手摩抚。从来蝗旱必相资,此事吾闻老农语。庶将积润扫遗孽,收拾丰岁还明主……"(这是说,去年夏秋以来久旱不雨,密州海边的百姓连淡水都喝不上了。今年春天如此温暖,就生出许多蝗虫的幼虫,在地上密密麻麻数不胜数。常山山神真是英姿刚烈,驱驰车马带着雷公,指挥着电母。恐怕是怜悯我这郡守又老又愚,却想用一双凡人的手救民于苦难之中。我听闻老农说,从来旱灾蝗灾都是伴生的。现在大雨终至,或许能够扫荡灾异,将一个丰收之年还给圣明的陛下。)这种向山神祷告的行为在当时的官员士大夫队伍中是很正常的举动,但是与介甫相公王安石"天变不足畏"的认识两相比较,就能看出见识的不同之处了。苏轼诚然也爱民,但并不能够和王安石一样从天下的高度去思考如何利民。

然而求雨能解决一时,不能解决一世。密州的旱蝗灾害导致了严重的饥荒,从苏轼的《次韵刘贡父李公择见寄二首》可以看到密州的种种情况:"磨刀入谷追穷寇,洒涕循城拾弃孩。为郡鲜欢君莫叹,犹胜尘土走章台。"灾荒饥饿导致密州境内贼盗弥漫,赤贫人家甚至不得不抛妻弃子。苏轼不得不一方面下令抓捕强盗与窃贼;另一方面又想方设法救济被抛弃在路边和野外的婴儿和孩子们。他不禁感叹,这密州的太守并不好做啊,少有快意于心的事情,但是总比在东京人心险恶的党争中惴惴不安要好得多!

就在苏轼为灾民揪心的日子里,他的词作达到了一个全新的境界,开启了宋词崭新的一页篇章。熙宁八年十月,苏轼在祭祀常山庙之后带着密州衙署里的官吏们一起出城打猎(亦有说出猎事在八月)。于是诞生了一首豪放雄迈的伟大词作《江城子·密州出猎》:

老夫聊发少年狂,左牵黄,右擎苍。锦帽貂裘,千骑(jì)卷平冈。为报倾城随太守,亲射虎,看孙郎。

酒酣胸胆尚开张,鬓微霜,又何妨。持节云中,何日遣冯唐?会挽雕弓如满月,西北望,射天狼。

苏轼后来自己在信中跟友人谈起,说自己"令东州壮士抵掌顿足歌之,吹笛击鼓以为节,颇壮观也。"在这首词里,你分明可以看见,一位不惑之年的太守,浑身上下却散发出少年侠气,呼鹰嗾(sǒu)犬,豪气干云地带着僚属们驰骋田猎。他酒入胸膛,自比三国孙权和西汉魏尚。(魏尚为汉文帝时期云中郡太守。在镇抚边疆的战事中立下汗马功劳,因所报战功与实际有细微出入,被削夺职务。后来由冯唐为其辩解后持节前去赦免。)这一年的七月,神宗皇帝不顾已经复相的王安石和韩缜等人的反对意见,怯懦地将七百里地割让给辽国。念及此,苏轼不由得借着酒劲,仰天长啸,他想象着自己有朝一日弯弓若月,在西北边疆之上,大败契丹与西夏,建立奇勋。

这段时间,尚有一事值得交代。与苏轼一生大有恩怨瓜葛的章惇此时由右正言、知制诰、直学士院、权三司使之职改差遣出外,知湖州。章惇本亦是王安石新党的中坚分子,然而此时竟然被依附王安石的御史中丞邓绾(wǎn)弹劾,丢了三司使这一"计相"官位,出为知州。原来,此年二月时,王安石已经复相。熙宁七年时神宗迫于各方压力令拗相公出知江宁府,王安石向神宗举荐了韩绛、吕惠卿接班,继续变法。但吕惠卿成为参知政事之后,就开始得陇望蜀想要拜相了,便因此担心王安石复相而影响自己的权力,居然背叛了一手提拔自己的老上司和"恩师",颇使了些阴谋诡计想要阻止王安石再次入东府。邓绾本来亦是王安石擢拔的,早年谄媚介甫相公的言行在东京几乎无人不知,以至于在汴梁遇到老乡笑骂他脸皮厚,他居然答以"笑骂从汝,好官须我为之"。这样的一位人物做了御史中丞之后,看到王安石罢相,吕惠卿以参知政事大权在握,甚至有凌驾于韩绛之上的势头,就又依附到吕惠卿那里,也帮着他做了些对不起王安石的事。如今王安石高吟着"春风又绿江南岸,明月何时照我还",再次拜相,邓绾一看形势,乃又见风使舵,倒向王安石那边。为了掩盖自己过去党附吕惠卿的丑事,他便竭力要将吕惠卿撵出中央,弹劾他兄弟强借秀州富民钱买田,导致吕惠卿出知陈州。章惇在其中颇有"殃及池鱼"的意味。

但是章惇大约也并非绝对无辜,至少他和吕惠卿确实是在王安石罢相其间走得颇近。司马光《涑水记闻》卷十五就记载这么一件事,说一日三司使章惇召对御前,神宗皇帝称叹张方平,还问章惇是否熟识。这张方平乃是旧党人物之一,极为反对新法,章惇一听,出了便殿就赶紧和吕惠卿去合计了。吕惠卿也不知安了什么心,在第二天上早朝的时候可能颇为阴阳怪气地对张方平说你就要被重用了,把皇帝和章惇说的话都告诉了他。张方平皱着鼻子一脸厌恶,并不答话。此后这事情传到了御史耳朵里,于是监察御史蔡承禧就弹劾章惇"朝登陛下之门,暮入惠卿之室",据司马光所说,这件事导致神宗对章惇有了看法。邓绾甚至挖出两人互相给对方小舅子安排工作之类鸡毛蒜皮的小事,又说对于吕惠卿要提拔自己的兄弟吕和卿,章惇也是与有力焉,昧着良心在奏疏里对其谀美不已,欺弄陛下。

此次章惇出知湖州,便写了封信给苏轼,其中赋诗一首云:"君方阳羡卜新居,我亦吴门葺旧庐。身外浮云轻土苴(jū)(犹泥土草芥,喻微贱之物),眼前陈迹付籧篨(jǔ chú)(粗竹席)。涧声山色苍云上,花影溪光罨(yǎn)画(色彩鲜明的画)余。他日扁舟约来往,共将诗酒狎樵渔。"章惇听闻苏轼想要在阳羡购置田宅,于是说自己也因为到湖州做官而须修葺屋舍了。整首诗歌都洋溢着二人昔日约定一起悠游林下、泛舟太湖的旨趣。

于是苏轼也写诗唱和,即《和章七出守湖州》:"方丈仙人出淼茫,高情犹爱水云乡。功名谁使连三捷,身世何缘得两忘。早岁归休心共在,他年相见话偏长。只因未报君恩重,清梦时时到玉堂。"章惇平素颇好炼丹修道之学,是故苏轼这首诗大体是赞扬好哥们章子厚虽人在庙堂,但心游山水云霓之间,如今未能归隐,不过是要上报君父之恩。然而后来颇有许多说法,认为苏轼、章惇交恶正是因为这首诗。

据南宋王明清《挥麈后录》云:

> 章俞者郇公之族子,早岁不自拘检,妻之母杨氏,年少而寡,俞与之通。已而有娠,生子。初产之时,杨氏欲不举,杨氏母勉令留之,以一合贮水,缄置其内,遣人持以还俞。俞得之云:"此儿五行甚佳,将大吾门。"雇乳者谨视之。既长登第。始与东坡先生缔交,后送其出守湖州诗,首云:"方丈仙人出渺茫,高情犹爱水云乡。"以为讥己,由是怨之。

这是说,章惇的父亲章俞本乃是仁宗朝宰相郇国公章得象之族子(即章得象与章俞的曾祖父是亲兄弟关系)。真实章惇才是章得象之族子。后面说章俞早年放荡不羁爱自由,毫不知约束检点自己,恰逢当时丈母娘杨氏很年轻就成了个寡妇,他居然与丈母娘勾搭成奸,一段时间后丈母娘怀孕还生了孩子。刚生下来的时候,丈母娘杨氏打算不抚养这个孩子了,经过杨氏母亲好生劝说才让留了下来,用一个大盒子装了水,把刚出生的章惇和他的生辰八字都放在里面,派人拿着给了章俞。章俞看到儿子后说:"这个孩子五行八字极佳,将来定会光大我门楣,光宗耀祖!"于是雇了奶妈小心地照顾抚养。等到长大了章惇果然进士及第,之后和苏轼成为了朋友。后来在他出知湖州时,苏轼写诗给他,首句说"方丈仙人出渺茫,高情犹爱水云乡",章惇认为是在讥讽自己的身世,因此开始怨恨苏轼。

《挥麈后录》这则材料真的属实吗?且不论章惇的身世是否真有后人所说的如此诡秘不堪,考察熙宁八年前后苏轼与章惇之交往,除了熙宁八年在公事上,章惇任三司使时提议在京东、河北路榷盐,而苏轼反对并去信文彦博使得后者上奏导致榷盐不成这一事外,并无任何私怨龃龉,且二人此后仍多有诗歌唱和、书信往来,怎么可能此时已经交恶了呢?苏轼在熙宁八年时仍然与章惇情谊甚笃,假设后世对章惇身世的丑化为真,想必苏轼也不会故意在诗歌中讥讽。或有浅人谓"功名谁使连三捷,身世何缘得两忘"正是在说章惇身世,殊不知前一句是在赞扬章子厚熙宁五年之后经略荆湖南北路,平定蛮夷(少数民族)的功绩,后一句是用庄子《大宗师》"两忘而化其道"之典。

由于历史原因,章惇殁后抹黑他的材料层出不穷,有些简直不值深究。如《邵氏闻见前录》卷十三里说章惇进士及第时住在章得象府中,和族父章郇公的小妾私通,被人撞见后翻墙落荒而逃,结果从墙上跳下来时还碰伤了一个老妇。老妇告到开封府包拯那里,幸亏包拯看章惇是个有功名在身的读书人,只是罚了他点钱罢了。按说章惇进士及第时章得象已逝世,其生前诸小妾未知是否尚在府中?更何况这则故事出自反对新法,紧跟司马光脚步的邵伯温笔下,殊不可信。

南宋曾慥(zào)《高斋漫录》里说苏轼、章惇曾同游终南山,晚上住在寺庙之中。恰巧寺里平日有山中精灵鬼怪作祟,一行人都吓得不敢入睡。结果因为章惇在,闹鬼的事情没发生,所谓"山魈不敢出"。这种材料无非是想论证章惇早年就性格凶戾无匹,到了鬼神避舍的地步。

元代方回有本《虚谷闲抄》更是荒诞不经,编造章惇早年在东京因为自己丰神俊逸的外貌被骗至大宅内幽禁,险些沦为众多府内女子泄欲和主人求子的工具这类桃色艳闻。这大约是想说章子厚浪荡无行,且要在他的黑材料中加一点颜色博人一笑了。

诸如此类难可确信的逸事在文人笔记中甚多。可见,所谓苏轼与章惇在熙宁八年既已因为一首诗而交恶之事,也完全是后人穿凿附会之说。

大约在次年春天,即熙宁九年,苏轼登上去年修葺一新、并有弟弟苏辙命名的"超然台",赏暮春之景,乃又赋词一曲《望江南》。

春未老,风细柳斜斜。试上超然台上看,半壕春水一城花。烟雨暗千家。

寒食后,酒醒却咨嗟。休对故人思故国,且将新火试新茶。诗酒趁年华。

这首词所写乃是密州城暮春之景。苏轼固执又不失顽皮地硬说春色未老,颇有些不许美人白头的意味。超然台实际是密州城墙的一部分,登高望远,但见春风十里,杨柳袅袅。脚下的护城河里堪堪半池春水,然而放眼望去,满城花红柳绿,不正是春意盎然嘛!苏轼看着自己治下的成千上万户人家,他们的屋舍正掩映在蒙蒙烟雨中。寒食方过,杜康酒醒之余,苏轼不免心中叹息。这份叹息,既来自故人与故乡,也来自自己被投闲置散的不甘。进士及第、文坛盟主欧阳修赞不绝口、制科试有宋以来第一名,带着这些光环踏入仕途的苏轼,或许满心以为自己用不了多久就应当在翰林院中展布高才吧,然而等来的却是离京出外。念及此刻正身处弟弟子由命名的超然台,或许苏轼也想到了超然台之所以命名的缘由"虽有荣观,燕处超然(《道德经》)"。因此苏轼也只能以豁达来试着开解自我,道一声"且将新火试新茶,诗酒趁年华"。所谓新火,是当时习俗,寒食至清明禁火,之后取榆柳之火称为"新火"。新茶即是清明之前采摘的茶,也就是现在所说明前茶。诗酒趁年华,看似潇洒惬意,其背后依稀可见孤苦无奈之意。这种孤独,来自文人的自傲和政治的失意,来自自诩洞悉天下却"微斯人,吾谁与归"的寂寞。

这一年中秋,苏轼又于超然台摆下酒宴,欢饮达旦。酒醉之余,他诗兴大发,挥毫写下千古名篇《水调歌头》。

明月几时有?把酒问青天。不知天上宫阙,今夕是何年。我欲乘风归去,又恐琼楼玉宇,高处不胜寒。起舞弄清影,何似在人间!

转朱阁,低绮户,照无眠。不应有恨,何事长向别时圆?人有悲欢离合,月有阴晴圆缺,此事古难全。但愿人长久,千里共婵娟。

苏轼想起已分别七年的弟弟,值此中秋佳节,仍然彼此无法相聚,却从人间世的悲欢离合生发出一种宇宙洪荒、往来古今的关乎人生的追问。这是过去格局颇为狭小的宋词所难以企及的艺术高度。李白曾有"青天有月来几时,我今停杯一问之"的名句,苏轼的这一首水调歌头也正是一样的天马行空。李白在诗中还说:"今人不见古时月,今月曾经照古人。"子瞻也一定想到,这天上的明月不知见证了无数的兴衰聚散,只是为何她此刻要在人们与亲友别离时才浑圆如此呢?

也难怪百年之后辛弃疾会发出"但愿长圆如此夜,人情未必看承别"的感叹!更值得注意的是,苏轼写天上宫阙,却点明"何似在人间",以为天宫不如人间,这不仅仅是因为人间热闹的欢乐,恐怕更是因为他仍然心系治国平天下的这一儒家理想,这毕竟是文人的梦想,而凡夫所在的俗世才正是读书人建功立业的地方吧。

熙宁九年,苏轼已经颇有声望,多位官员曾向朝廷举荐苏轼为侍从级别高官,如提举李孝孙、知青州陈荐。然而这些举荐终究没有得到批准,苏轼没能回到中央,更没能进入升官的快车道。

这一年年末,也就是熙宁九年(1076年)十二月,朝廷令苏轼移知河中府。没想到苏轼还没抵达河中府,熙宁十年(1077年)二月十二日又命他改知徐州。他不由得发出"此身如传舍,何处是吾乡"(《临江仙》)的感慨。当时苏轼便暂住在东京城外范镇的东园之中,此年三月,苏轼为自己与第一任妻子王弗所生的长子苏迈娶妻成家。曾枣庄先生引20世纪80年代四川眉山出土的《苏符行状》,考苏迈所娶乃中书舍人石昌言之孙女。

苏轼大约于四月二十一日抵达徐州。弟苏辙此前在苏轼移知河中府时已经出京与他同往,如今便一起来到了徐州。两兄弟乃常与友人们一起登临名胜,品评风物,互相诗词唱和。就在似乎一片祥和喜悦的气氛里,七月十七日,黄河在澶州曹村埽(sào)决堤了。兄弟二人好不容易在一起过了一个中秋,终是到了离别之际。此前素与苏氏一家交好的张方平任南京留守(非现在之南京,时称为应天府,在河南商丘),辟举苏辙为应天府的签判。八月十六日,苏辙离开徐州,赶往南京赴任。

八月二十一日,黄河决堤导致的大洪水蔓延到徐州城下。九月九日,大水已经几乎将徐州城包围,至二十一日,城下水深达二丈八尺九寸,也就是要接近现在的9米之高了!

在这样危如累卵的时刻,苏轼的表现究竟怎样呢?

据《宋史·苏轼传》:

> 城将败,富民争出避水。轼曰:"富民出,民皆动摇,吾谁与守?吾在是,水决不能败城!"驱使复入。轼诣武卫营,呼卒长曰:"河将害城,事急矣,虽禁军且为我尽力。"卒长曰:"太守犹不避涂潦,吾侪小人,当效命。"率其徒持畚锸(běn chā)以出,筑东南长堤,首起戏马台,尾属于城。雨日夜不止,城不沉者三版。轼庐于其上,过家不入,使官吏分堵以守,卒全其城。复请调来岁役夫增筑故城,为木岸,以虞水之再至。朝廷从之。

在城池眼看要被洪水吞噬的时候,徐州城内富户百姓争先恐后地要抢着出城避难。这口子一开,人心就散了,徐州也将被洪水吞噬。苏轼当机立断,带着僚属、兵丁、衙役拦住了已经到达城门附近的富户豪绅。他朗声喊道:"你们是徐州地方上有头有脸的形势豪右之家,如果你们这些富户都现在逃跑了,留在城里的百姓全部会动摇,本府还和谁来守城?只要有本府在这里,洪水决不能淹没徐州城!"苏轼下令将富户们重新驱赶回城中。他不顾地方守令不得擅自调动禁军的国朝法度,乃又到禁军武卫营中,对其卒长说:"黄河决堤,洪水滔滔,眼看就要吞噬徐州,事情到了极其紧急的地步了,即便尔等是密院、三衙调拨管辖的禁军,也请为本府一起尽力抗洪!"卒长亦被苏轼正气凛然的决心所感动,答曰:"太守尚且不避污水泥泞,我等不过武

五、为官密徐

夫小人，自当效命！"于是卒长便带着手下士兵拿着挖运泥土的工具出了军营，在苏轼指挥下筑起一道东南方向的长堤。长堤首起于戏马台，尾部至于城墙。但又不幸碰到大雨连绵，日夜不止，城内不被大水浸没的土地几乎寥寥无几。在这种最生死危难的时刻，苏轼日夜驻扎在抗洪的第一线，经过家门也不进去探查家人情况，他派官吏各自分堵各处洪水，最终保全下了徐州城！此后又奏请调来年役夫增筑旧城，建造木质堤岸，以防备他日洪水再至。朝廷批准了这一建议。

在徐州城危在旦夕、人心思逃的时刻，苏轼乃竟以书生之躯、府台之尊，亲临抗洪前线——这或许并不是什么英雄人物大无畏的精神，也许他亦是感到害怕的，但是对全城百姓生命、对徐州城的责任感让他战胜了所有一切本能的恐惧，让他以文人士大夫当仁不让的伟大担当，实现了奇迹。

十月二日，京东路安抚使等便奏报苏轼抗洪之功劳。十月间，苏轼又拜托朝廷派来的特使向神宗转达自己想要在徐州修建石质堤岸防洪的建议，可惜未能得到朝廷批准。这才有了此年即元丰元年（1078年）正月上奏请求筑木岸的第二方案。这一切都说明苏轼不仅仅是在任期内切实负担百姓的安危，更把目光放到当地百姓长远的安全生产、平安生活之上。

此年正月，也就是元丰元年，神宗皇帝下诏奖谕苏轼抗洪之功。秦观亦在此年入京应举，经过徐州而献诗拜入苏轼门下，然而前者在秋试中失利，苏轼十分护短地安慰说："此不足为太虚损益，但吊有司之不幸尔。"意思是说，这小小的科场失利，哪里足以对太虚（秦观之号）有什么名望上的损害呢，只是反倒应该为主持此次科考的不幸感到悲哀啊！言下之意便是他们不能慧眼识珠，才是大遗憾。苏轼对后辈的保护，又颇见他自己可爱的一面了。除了在徐州结识了秦观，又有年轻学子王适、王遹来访求学；苏轼与黄庭坚、晁补之等人彼此亦有诗词唱和，甚至与僧人道潜(别号参寥子)游山玩水，互打机锋。徐州的这一年除却到任之初的洪灾艰险无比，其余日子苏轼仍能在公务之余寻找惬意。

他不会想到，人生中的一场大变故即将到来。

休对故人思故国
且将新火试新茶
诗酒趁年华

六
乌台旋涡

　　元丰二年(1079年)三月,朝廷令下,命苏轼知湖州。

　　而一场可怕的阴谋正在悄然酝酿。六七月间的汴梁城,涌动着一股股汹涌的暗流。王安石虽在熙宁八年再次拜相,但是很快就在次年请辞。到了元丰年间,东府的宰相和大参们已经变成了王珪、蔡确等人。变法派和反对变法的人之间仍然争斗不已,甚至演变成为了利益而党同伐异。在熙宁变法之初,反对变法的元老重臣、京官和地方官员实在太多,王安石不得不越次提拔一大批缺乏资历的"官场小年轻"来为其所用,通过制置三司条例司等机构来架空反对他的官员,进行全面的改革变法。这些因为亲附宰相王安石而成为京朝官(京官、升朝官)甚至进入东府、位列中枢的官员们,在王安石、吕惠卿、章惇等人次第出外后,开始恐慌。自身权力的基础如此不稳,他们明白,只有通过打击反对派才能巩固自己的权力。

　　不仅仅是宰相执政之间互相倾轧,别有用心的一伙人甚至将目光瞄准到了地方上的苏轼。原因无他,苏轼公然反对新法,而偏偏文名极盛,在士林和民间都有很高的呼声。打击苏轼是彰显新党力量的一大有力表现!

权御史中丞(从三品,御史台的长官)李定说:"知湖州苏轼,初无学术,滥得时名,偶中异科,遂叨儒馆,有可废之罪四。昔者尧不诛四凶,至舜则流放窜殛(jí)之,盖其恶始见于天下也。轼初腾沮毁之论,陛下犹置之不问,容其改过,轼怙(hù)终不悔,其恶已着,一也。古人有言曰,教而不从,然后诛之,盖吾之所以俟之者尽,然后戮辱随焉。陛下所以俟轼者,可谓尽矣,而狂悖之语日闻,二也。轼所为文辞,虽不中理,亦足以鼓动流俗,所谓言伪而辨;当官侮慢,不循陛下之法,操心顽慢不服陛下之化,所谓行伪而坚;先王之法所当首诛,三也。刑故无小,盖知而故为,与夫不知而为者异也。轼读史传,非不知事君有礼,讪上有诛,而敢肆其愤心,公为诋訾(zǐ),而又应制举对策,即已有厌弊更法之意,及陛下修明政事,怨不用己,遂一切毁之,以为非是,四也。罪有四可废,而尚容于职位,伤教乱俗,莫甚于此。伏望断自天衷,特行典宪。"(《续资治通鉴长编》元丰二年)

李定作为御史台的实际长官,也就是所谓台长,纠劾百官完全在他的职权范围之内。按照他的说法,苏轼有四大不可赦免之罪恶。他说现在的湖州知州苏轼其实不学无术,不过是运气好,浪得虚名又偶然中了制科,就公然对陛下的新政说三道四,捣鼓诋毁诽谤的恶言恶语。陛下宽容,不去问责,让他自己改正,苏轼却死不悔改。这是第一条大罪。古人主张不能不教而诛,现在陛下对苏轼仁至义尽,苏轼狂妄悖逆的话语却恨不得每天讲个没完。这是第二条大罪。苏轼写的诗文虽然错谬,但是偏偏能鼓动士林和百姓乃至市井间的流俗之辈。如此不尊陛下的法度,刚愎顽劣不服陛下的教化,这是第三条大罪。苏轼又毕竟是个治学经史子集的读书人,不是不知道侍奉君父应该要遵循礼制,谤讪朝廷将有诛罚,却胆大包天,放纵自己的私愤。明明在应制科的策论中已经厌恶弊端丛生,提出要变革法度的意见,等到陛下修明政事,锐意革新,苏轼却因为怨恨君父和朝廷不重用自己,竟然对陛下的新法全盘诋毁。(前后自相矛盾,欺君罔上。)这是第四条大罪。——言语中其实就是请求神宗皇帝治苏轼重罪。

御史舒亶也上奏说:"轼近上谢表,颇有讥切时事之言,流俗翕(xī)然争相传诵,志义之士,无不愤惋。盖陛下发钱以本业贫民,则曰'赢得儿童语音好,一年强半在城中';陛下明法以课试群吏,则曰'读书万卷不读律,致君尧、舜知无术';陛下兴水利,则曰'东海若知明主意,应教斥卤变桑田';陛下谨盐禁,则曰'岂是闻韶解忘味,尔来三月食无盐'。其他触物即事,应口所言,无一不以诋谤为主,小则镂板,大则刻石,传播中外,自以为能。"并奉上苏轼诗三卷作为罪证。

御史何正臣也说苏轼愚弄朝廷,妄自尊大。

引起他们注意的根源其实还在苏轼这里。苏轼接到朝廷诏命移知湖州以后按例写了一封谢表。这就是后来被挖出毛病的《湖州谢上表》:

> 臣轼言。蒙恩就移前件差遣,已于今月二十日到任上讫者。风俗阜安,在东南号为无事;山水清远,本朝廷所以优贤。顾惟何人,亦与兹选。臣轼中谢。伏念臣性资顽鄙,名迹埋(yīn)微。议论阔疏,文学浅陋。凡人必有一得,而臣独无寸长。荷先帝之误恩,擢置三馆;蒙陛下之过听,付以两州。非不欲痛自激昂,少酬恩造。而才分所局,有过无功;法令具存,虽勤何补。罪固多矣,臣犹知之。夫何越次之名邦,更许借资而显授。顾惟无状,岂不知恩。此盖伏遇皇帝陛下,天覆群生,海涵万族。用人不求其备,

六、乌台旋涡　101

嘉善而矜不能。知其愚不适时,难以追陪新进;察其老不生事,或能牧养小民。而臣顷在钱塘,乐其风土。鱼鸟之性,既能自得于江湖;吴越之人,亦安臣之教令。敢不奉法勤职,息讼平刑。上以广朝廷之仁,下以慰父老之望。臣无任。

不少人以为这份谢表中满是牢骚逆反、狂悖不道之语,其实大为不然。里面说自己天赋顽劣低下,名声功绩都微不足道;甚至说别人都必然有一两个优点,而独独自己什么本事长处都没有——乍看起来确实是大发牢骚,有点失了为人臣子的礼仪,但这其实是现代人不熟悉谢表写作习惯而产生误会的缘故。

我们不妨看一看同时期曾贵为宰相的王安石在谢表中怎么写。如他在《除翰林学士谢表》中有这样一段:

如臣不肖,涉道未优。初无荦荦(显著之貌)过人之才,徒有区区自守之善。以至将顺建明之大体(将顺,迁就附和也。建明,建白,提出建议也。),则或疏阔浅陋而不知。加以忧伤疾病,久弃里闾,辞命之习,芜废积年。黾勉(勉强)一州,已为忝冒(滥竽充数),禁林(翰林院)之选,岂所堪任?

《除参知政事谢表》中又有一段:

宜得伟人,与图庶政(各种政务)。如臣者,徒以承学,粗知义方,本无他长,可备官使。退安私室,自绝荣涂(仕途),既负采薪之忧,因逃窃位之责。

《除平章事监修国史谢表》中又有：

臣受材单寡,逢运休明,初涉猎于艺文,稍扳缘于禄仕。曩尘近侍,积愧空餐,悲遽隔于庭闱,分长依于丘垄(坟墓)。俄值篡承之庆,继叨(承受)收召之荣。责以论经,尚少知于训诂;使之与政,曾莫助于猷为(建功立业)。矧(shēn)(并且)以拙直(愚直、率直)而见知,遂为奸回(奸恶之人)之所忌。

第一段是说,像臣这样没有才华的人,治学与为官都水平不行。起初没有什么明显的过人之才,只能自己端正一下品行罢了。至于附和或是建策这种大事,我就因为迂阔浅薄而不知道了。加上自己心里忧伤,身上有病(不适合带病提拔),长久以来一直住在乡野间,辞令诏书已经荒废了多年,恐怕写不来了。勉强牧守管理一州之地,已经属于滥竽充数了。清贵的翰林院,哪里是臣能够胜任的呢?

第二段则说,宰执国政这种大事,还是适合选择经天纬地的大才之士,让他们参与谋划各种政务。像臣这样的,只不过是学了点皮毛学问,粗略知晓一些规矩法度,本来就没有什么其他特长能够被授予官职而发挥才干的。如今有疾病在身,应回家养病,免得窃居高位。

在任宰相的谢表中又说,臣才华单薄寡少,运气好赶上了国朝明君盛世,起初学了点经史子集,就踏上了仕途做了官。过去在仁宗皇帝时以微薄之才忝为京官(王安石在嘉祐年间曾担任度支判官直集贤院,后来又授命修起居注并升迁为知制诰)近侍的尊贵之职,然而空费朝廷俸禄,毫无建树。嘉祐八年,家母辞世,想到别久之后,忽然与家母阴阳相隔,悲从中来。不久遇到英宗皇帝继位的庆贺之事,屡次给予我征召入京为

六、乌台旋涡 103

官的光荣。如果以经学责问于臣,臣尚且稍微对于训诂之学有所知晓,如果使臣参与大政,恐怕连一点功业都无法建立。并且臣又以愚直而为人所知,也因此招致奸恶之辈们所忌恨。

从以上三份王安石不同时期的谢表来分析,不难看出谦虚地表示自己才难堪任,没本事做皇帝授予的官职完全是当时一种流行的官场套话。说了非但不失礼,反而是符合官场文化的,是得体的。如果不写这些场面话才是大大的失礼。

那么苏轼的谢表具体是什么意思呢?我们不妨再细看一二:

他说湖州在东南是个好地方,山水风景煞是好看,是朝廷优待贤良的处所啊!又说自己才不堪位,居然赶上这种好事,被选择为湖州的知州。真是万分拜谢陛下洪恩。想到自己性情顽劣、天赋低下,名声和功绩都微不足道。政治观点十分迂阔浅薄,文学上也肤浅不值一提。任何人都至少有一二长处,但是独独自己没有丝毫优点。曾受到先帝英宗皇帝的隆恩,擢升臣直史馆之职;又承蒙陛下多听了些别人对臣的谬赞,曾把密州徐州先后交由臣牧守管理。并不是不想振奋拼搏,稍稍报答陛下的隆恩。但是才具有限,导致有过而无功;国朝的祖宗法度又十分健全,我即使勤于施政,也难有什么补助。臣清楚自己罪过确实很多。为什么臣能够越次而往膏腴富庶之名城为太守,更令臣得借都督、节度大州的资序而授予显赫的官职(杭州既是都督州又是节度州)。臣反省自己无才无德,但也知道这是陛下的巨大恩典。陛下之仁德犹如昊昊上天覆育群生,又如汪洋大海涵养亿万水族。陛下用人不苛求其十全十美,对于能力强、做得好的就奖掖提拔,对于能力差表现不好的也加以同情鼓励。陛下知道我愚昧无知,不能适应现在的时政,难以追赶上改革派的新进大臣们的步伐;但又察知臣老不生事,有时也还能管管地方百姓。臣过去在杭州任通判,颇为喜欢那边的风土人情。譬如鱼鸟的本性,是能够自由于江湖;而吴越之地的人民,也能安于臣的教化和施政命令。臣必然奉守法纪,勤于政务,减少诉讼刑狱之数量。以此来播广朝廷的仁政,对下也慰藉城乡父老们的期望。臣惟恐不能胜任!

以此来看,《湖州谢上表》大多是官场套话,通篇由场面话开始,由场面话"臣无任"结束,并没有什么违逆话语。唯一引起争议的是这两句:知其愚不适时,难以追陪新进;察其老不生事,或能牧养小民。李定、舒亶等人也正是因为在邸报(相当于官报和内参的结合)中看到了这句话才决定拿苏轼来做文章。这句话里最要命的字眼是"新进"二字。在熙宁变法时期,新进小臣这种叫法是当时反对变法的人给变法派取的一个蔑称,几乎就相当于幸进佞臣的说法了,是很令新党恼怒的一个称谓。苏轼偏偏在会公布于邸报的谢表上这样写,也着实太大意了。

神宗皇帝平日很爱读苏轼的文章,面对御史中丞李定等人弹劾苏轼的局面,苏轼能因为皇帝爱其才而逃过一劫吗?李定与苏轼之间又有没有政见之外的私怨呢?

皇帝赵顼确实曾经很欣赏苏轼之文才,据说常常在内廷读苏轼之文章而击节赞叹。然而这一次,李定、舒亶等人的弹劾太过刁钻,从其措辞来看,神宗皇帝亦觉得苏轼完全就是把嘲讽谤讪的矛头直接对准了御座上的自己。

"诏知谏院张璪、御史中丞李定推治以闻。时定乞选官参治,及罢轼湖州,差职员追摄。既而上批,令御史台选牒朝臣一员乘驿追摄,又责不管别致疏虞状,其罢湖州朝旨,令差去官赍(jī)往。"这是说神宗

六、乌台旋涡　105

皇帝诏令知谏院张璪、御史中丞李定共同审查这一案件并及时上奏给他。当时李定又请拣选官员参与审问,并且上奏应该罢免苏轼湖州知州的差遣,派人前往捉拿。不久皇帝陛下就批准了,命令御史台委任朝官一员乘驿站车马火速前去抓捕归案,又责令不用管苏轼其他的罪状,就带着罢免湖州知州的圣旨,前往湖州宣旨办事。

这意味着皇帝陛下是真生气了,苏轼本来好好地到了湖州继续做地方大吏,现在却即将被带回东京治罪!

然而这一切在东京紧锣密鼓地运作起来的时候,苏轼还完全不知道呢。

李定此刻心里恐怕有大仇得报的快感。那么李定和苏轼又有何私仇呢?李定是堂堂中央高官,贵为御史中丞,御史台一把手;苏轼远在地方,又哪有什么私怨可结呢?这之间的事情,可能苏轼自己早忘之脑后了。然而李定不会忘。

远在熙宁二年,李定时任定远尉、秀州判官,不过八九品之间,既非朝官,亦非京官,可以说人微言轻。受到当时知谏院孙觉之推荐,李定得以入京拜谒谏院官员,为自己可能的升迁活动一二。当时有位官员叫李常问他,说你从南方来,老百姓觉得青苗法怎么样呢?李定回答:"百姓们认为青苗法很便利于他们,都喜欢得不得了。"李常看他是孙觉推荐来的,好意提醒他,说现在朝廷里关于青苗法争吵不已,这种一边倒的话你还是少说,免得得罪人。李定找了门路谒见到王安石面前,说起此事,他正气凛然地表示:"我只知道据实而言,没想到东京还不许人说实话。"

王安石敏锐地注意到这是一个渴求展布拳脚的人,为了推行新法,他也必须培养一批忠于自己那一套政治纲领的人。于是王安石把他推荐给了神宗皇帝,让他得到被皇帝召对的宝贵机会。皇帝问起新法中如青苗法等事情,李定就说百姓无不喜之。急于大有作为的皇帝听到自己和王安石的新法在民间反响如此之好,十分高兴,大约可以想到,在王安石的建议下决定任命李定为知谏院。根据宋代制度,以他官兼领谏职,称为"知谏院"。这就是说,一下子从地方"选人"(候补的意思)级别的八九品低级县尉、判官变成了中央政府重要监察部门的官员了!结果当时的宰相陈升之和曾公亮都反对这一任命,说过去从无选人可以直接担任谏官的例子。王安石让李定入谏院的策略受阻,于是他转而建议调李定入御史台。神宗皇帝便下诏令,升其本官为正八品太子中允,给予监察御史里行的差遣,也就是见习监察御史的意思。(太子中允属于升朝官,是京朝官中一分子了,级别远超地方选人。)

没想到的是,当时的三位知制诰宋敏求、苏颂、李大临统统封还词头!(从法理上来说,知制诰完全是可以封还词头,拒绝宫中皇帝传来的旨意的。宋代皇帝的旨意通常应由知制诰来起草。)神宗皇帝震怒之下,将这三人通通罢免。而此时,御史陈荐居然又上表弹劾李定,并且这一次弹劾是较为严重的。

弹劾的罪名乃是隐瞒母丧,不为母亲丁忧守制!这种罪名在古代如果被坐实,可以说政治生命就永远结束了。守孝与否在古代是政治正确与否的问题,皇帝便下令彻查此事。原来李定担任泾县主簿的时候,曾听闻自己的庶母(父亲的侍妾)仇氏去世,却并没有为其服丧。

李定辩解说,不知道自己是仇氏所生,问了父亲,父亲也说不是自己的生母。所以他心有疑虑而不敢服丧,于是转而以侍养老父的名义解官在家,等于说是服"心丧"(指不穿孝服而内心哀悼)。这时候皇帝为李定说话,"之所以不持心丧,是为了免于解除官职。李定当时已经解官,为什么还要说他不明说自己持心丧呢?"结果曾公亮等人仍然据理力争,全然反对授予李定御史职务。

据陆游《老学庵笔记》卷一来看,其中云:

> 仇氏初在民间,生子为浮屠,曰了元,所谓佛印禅师也。已而为广陵人国子博士李问妾,生定;出嫁郜氏,生蔡奴。

则据此材料,这个仇氏居然是苏轼好友佛印的生母,她首先生下了佛印,后来又成为了国子监博士李问的侍妾,生下了李定……即是说,李定有可能和佛印乃是同母异父的兄弟关系,却和苏轼结下了仇怨。李定、佛印、苏轼三人之间的纠葛,足见历史的玩笑了。

就在李定入御史台受阻的时候,有一位传奇孝子入京了。这位大孝子的母亲恰恰是父亲的小妾,他年幼时母亲被父亲抛弃。五十年后他早已做过多任地方官,得知母亲可能流落陕西之后,立刻辞官寻母。消息传回汴梁,上到神宗皇帝与宰相执政,下到勾栏酒肆之客,都在交口称赞。于是皇帝下令让他官复原职,回京陛见。这个人叫朱寿昌。

这一切对李定来说完全是雪上加霜,和朱寿昌两相比较,他似乎完全成了个衣冠禽兽。不少公卿士大夫都写诗文给朱寿昌称颂他,当时苏轼也写了。问题苏轼的诗里偏偏有这样几句:感君离合我酸辛,此事今无古或闻。……西河郡守谁复讥,颍谷封人羞自荐。

这是说,感念您母子离别几十载,令我也无比酸楚伤心,您(辞官千里寻母)的孝行如今极难得了,或许古代才能有吧!后一句里,西河郡守指的是战国时文能变法,武能破秦的吴起。可是吴起当初曾因为对母亲发誓"起不为卿相,不复入卫"而在母亲去世后竟不去奔丧,甚至因此被曾参之子曾申逐出师门,因此被认为是不孝。颍谷封人指的是《左传》"郑伯克段于鄢"里的颍谷考叔,他是郑庄公的大夫。当时庄公平定了弟弟段的叛乱,发誓对充当弟弟内应的母亲不到黄泉,誓不相见。结果很快他又后悔了,想自己的母亲却又因为君无戏言,没法见。颍考叔听说后就想了个很巧妙的办法。他带着献给君上的礼物去觐见庄公,庄公赐宴款待他。颍考叔就做出闷闷不乐的样子。庄公觉得奇怪便问他缘由,颍考叔回答,微臣的母亲吃过微臣的食物,但是从没吃过君上的美食,乞请君上允许我带回去给母亲品尝。庄公大为感动,又想到自己的家事,感慨道:"尔有母遗(wèi),繄(yī)我独无!"(你有母亲可以把美食送过去,寡人却单单没有啊!)听了庄公说了个中缘由之后,颍考叔就出主意说,这有什么关系,在地里挖出泉水,在隧道里相见不就好了,谁能说三道四呢?庄公因此如愿与母亲相见并且冰释前嫌。后人便因此夸赞颍考叔,能以大孝心感化庄公。

我们现在没法肯定苏轼写这两句话的时候,影射了李定,但是,以苏轼的文名,他的这首诗当时一定在东京士大夫中无人不知。李定读到后,一定会对号入座,联系到自己身上。他必然理解为,这是一贯管不住嘴巴的苏轼在讽刺和挖苦自己,把他比作不奔母丧的吴起;并认为这是反对新法的旧党们在李定受阻的仕途上吐的一大口唾沫。这种仇恨,睚眦必报的李定一定不会忘。

关于李定和苏轼的私仇,杨万里的《诚斋诗话》还记载了一个说法:

> 东坡知徐州,李定之子某过焉。坡以过客故事宴之,其人大喜,以为坡敬爱之也。因起而请求荐墨。坡佯应曰"诺。"久之闲

六、乌台旋涡　　109

谈,坡忽问李:"相法谓面上人中长一寸者寿百年,有是说否?"李曰:"未闻也。"坡曰:"果若人言,彭祖好一个呆长脸。"李大惭而遁。

这则材料是说,东坡在徐州为太守时,有一次恰逢李定的儿子来访。苏轼按照寻常的来客礼仪接待他,陪同他饮宴。李定之子便十分高兴,认为这是苏轼很敬爱自己的缘故才会如此。于是他起身请求苏轼向朝廷举荐他。苏轼假装应允说:"好,好。"酒过三巡,饭菜也吃了差不多了,两人就开始闲谈。苏轼忽然问李定儿子:"相面之术认为,面相好的人,其人中如果能长达一寸,就能活百岁之久,有这个说法吗?"李定儿子回答:"没听说过。"苏轼道:"假如果真像人们说的这样,那活了几百岁的彭祖岂不是一个又呆又长的脸了嘛!"李定儿子惭愧不已,起身告退。

从中我们可知,大约李定儿子是属于瘦长脸,因此苏轼这句话显然是用彭祖来讽刺李定之子又蠢脸皮又厚了。官场上讲究你帮我,我帮你,大家互帮互助、互惠互利。即便你不愿意举荐同僚的儿子,也没必要当面损别人吧?何况李定在此时应已任职御史台,寻常人如何敢得罪?但苏轼却要由着性子快意笑骂。如果这则材料确有其事,那恐怕也必是得罪李定的原因之一了。

总而言之,苏轼一生,很多次都是这样祸从口出的,管不住嘴巴,管不住那支笔。

消息传出来之后,苏轼的好友驸马王诜(神宗皇帝妹妹之驸)赶紧派人通知了苏辙,苏辙则又差人往湖州告之苏轼。

苏轼必然是害怕的。做臣子的总是说"雷霆雨露,俱是君恩",然而有谁能真正对帝王的雷霆一怒感到春风拂面、安之若素呢？据说当时苏轼慌乱无措地认为自己已经是大罪在身，已经不适合穿官服去见来捉拿自己的办案官员了，想要穿便服。在湖州通判祖无颇的提醒下才以正式的官服去见了前来捉拿自己的监察御史里行皇甫遵。

苏轼惊慌之余，仍不忘试探皇甫遵，便道："轼自来口无遮拦，触怒朝廷者甚多矣。今日赐死，固不敢辞，乞与家人别耳。"

皇甫遵哼了一声："不至如此。"

苏轼的心总算又回到了自己肚子里。

通判查验过公文之后，苏轼就被御史台有关人员带走了。据北宋孔平仲《孔氏谈苑》卷一中说："即时出城登舟，郡人送者雨泣。顷刻之间，拉一太守，如驱犬鸡。"

苏轼被御史台的差役们毫无尊重地押送上路，像赶着牲口一般。当时苏轼的妻子王闰之和孩子们都惊恐不已，送苏轼出门时无不涕泣。苏轼强抑心中悲恸，反出语幽默安慰。据《东坡志林》卷二载：

> 昔年过洛，见李公简言："真宗既东封，访天下隐者，得杞人杨朴，能诗。及召对，自言不能。上问：'临行有人作诗送卿否？'朴曰：'惟臣妾有一首云：更休落魄耽杯酒，且莫猖狂爱咏诗。今日捉将官里去，这回断送老头皮。'上大笑，放还山。"余在湖州，坐作诗追赴诏狱，妻子送余出门，皆哭。无以语之，顾语妻曰："独不能如杨朴处士妻作诗送我乎？"妻子不觉失笑，余乃出。

原来真宗朝有一位隐士曰杨朴，有诗名。真宗和王钦若搞了天书闹剧而封禅泰山之后，皇帝赵恒大求天下高隐之士。杨朴召对的时候声称自己不会作诗,这便有些欺君的意味了。真宗问他从家里过来,临行可有人作诗为他送行。杨朴回答说,只有家里贱内作了首打油诗,叫自己千万不要再贪杯误事,落魄不羁,更不可猖狂无知乱吟风雅。如今捉进官府衙门里,怕是这回要断送老命咯!真宗被逗得哈哈大笑,将其放回。

看到妻儿们泪如雨下,苏轼想到这一故事,便对王闰之说:"夫人难道不能像杨朴处士的老妻那样也写首诗给我送行吗?"王闰之亦是知书达理的,当下便想到了这一真宗朝趣事,不禁失笑,既担心又薄嗔了丈夫一眼,这都什么时候了,还没个正经。苏轼这才随御史台差役离去。

苏轼不仅幽默,更是显露出一个男人对妻子的柔肠千缕。他努力在妻儿面前保持一副宠辱不惊的风度,好让家人的惊惧尽可能地减少,他将罢官赴狱的压力一力担之,试问难道他内心没有疑惧,没有一丝惊魂未定吗?我恰以为,这正是苏轼真实而可爱的地方。

苏轼于八月抵达东京,被关押在御史台的监狱之中。御史台周围因常有乌鸦栖息,乃称之为乌台。凄厉悲凉的乌鸦啼鸣之声,在狱中人听来或许是可怖非常的。而李定、张璪、舒亶等人也开始了对苏轼的狱中审讯。手段无外乎搞点疲劳审讯,威胁恫吓,逼迫苏轼承认自己在诗歌和文章里谤讪新政,讥讽朝廷。

苏轼自然是不愿意承认的,据当时被关押在附近牢房的另一名臣苏颂(哲宗元祐年间宰相)所说:"遥怜北户吴兴守,诟辱通宵不忍闻。"可见当时李定等人对苏轼的逼供已经到了丧心病狂的程度,大约除了因为北宋士大夫的体面问题,可能并没有加以肉刑,但言语、精神等方面必然对苏轼加以完全非人的虐待和折磨,令他憔悴不堪,昏沉欲睡而不能,以至于无力招架他们的诱供、逼供。

像是"老翁七十自腰镰,惭愧春山笋蕨甜。岂是闻韶解忘味,迩来三月食无盐。"(《山村五绝》其三);"杖藜裹饭去匆匆,过眼青钱转手空。赢得儿童语音好,一年强半在城中。"(《山村五绝》其四);"吴儿生长狎涛渊,冒利轻生不自怜。东海若知明主意,应教斥卤变桑田。"(《八月十五日看潮五绝》)这类诗,御史台都迫使苏轼承认自己在诗中有意嘲讽中央,狂悖违逆。苏轼被弄得没办法,只好按着他们的意愿,认了。

可打倒苏轼并不是李定他们的最终目的,他们自然是希望以苏轼这样名声甚高的反对变法者为导火索,最终打击一大片旧党官员。于是李定等人又逼迫苏轼交代究竟和哪些人通过诗词文章一起谤讪朝廷,诋毁新政。苏轼又怎么会愿意牵连与自己交好的重臣勋贵或其他文人才士呢?然而在御史台接二连三的高压措施之下,苏轼最后只得承认,和多人有诗词文章的往来。于是又牵连出不少大臣的名字。苏轼的内心一定是极度痛苦的。

就在人人自危的时候,各方营救苏轼的呼声也次第炸响在汴梁的上空。已经致仕退休的前参知政事、现任太子少师张方平上疏为苏轼鸣不平。他说苏轼是文学奇才,不知究竟何罪之有?

王安石的弟弟王安礼也在觐见皇帝的时候说:"自古大度之君,不以语言谪人。按轼文士,本以才自奋,谓爵位可立取,顾碌碌如此,其中不能无觖(jué)望。今一旦致于法,恐后世谓不能容才,愿陛下无庸竟其狱。"意思是说,自古大度的君王,都不会因为官员说几句话就贬谪他。考察可知苏轼身份乃是正经进士出身的士大夫,本以为凭借自己的才华天赋发奋一番,就认为高官显爵立等可取,结果却自觉庸碌如此,于是他心中就不能没有不满的想法了。现在一旦把他严格法办,恐怕以后世人会认为陛下和朝廷不能容忍才高之人,愿陛下不必严惩苏轼。

神宗回答:"朕固不深谴,特欲申言者路耳,行为卿贳(shì)之。"看来王安礼的话让皇帝也很不好意思,他表示本来就不准备从重处理责罚苏轼,只不过是要申敕、告诫向朝廷进言献策的人应该注意方式方法罢了,很快就会宽赦苏轼。又颇为贴心地说:"第去,勿漏言。轼前贾怨于众,恐言者缘轼以害卿也。"这是说,叫王安礼离开宫廷的时候尽管一路走,别跟人搭话说漏嘴。为什么呢?因为苏轼这家伙之前招惹了太多人的怨恨,恐怕有人会因为苏轼而要害你哩!

王安礼不由得想到之前在候朝的时候,因为自己问了李定几句苏轼在狱中的近况,李定便阴阳怪气地说:"轼与金陵丞相论事不合,公幸毋营解,人将以为党。"苏轼这厮和金陵大丞相(王安石)政见不合,您千万别去营救他,不然大臣们会认为你是他的同党!

李定笑里藏刀的威胁让他后背冒汗,然而回到自己当值的舍人院时,(当时王安礼任职直舍人院,工作是如同中书舍人一般为政事堂草拟对外发布的诏敕政令。)知谏院张璪迎面过来就勃然大怒地质问他:"公果救苏轼耶,何为诏趣其狱?!"这是说,您果真是要救苏轼吗!为什么在觐见陛下的时候,为苏轼说项,要尽快从轻处理这一大案呢!王安礼只好装聋作哑。(按,为诏本应理解为撰写诏书,但从史料来看此时神宗皇帝还没有令王安礼草诏,故这里权以意译。)

据说当时宰相吴充有一日也找机会问皇帝:"陛下以为魏武帝曹操算个怎样的人物?"

神宗回答说:"何足道哉!"

吴充见机立刻说:"陛下平日常常以尧舜这样的上古圣君作为效

法、学习的对象,轻视魏武帝也是理所当然的。但是魏武帝如此猜忌好杀的人,还能够容忍祢衡,陛下以尧舜为榜样,却不能容忍一个苏轼,这又是为何?"

神宗一惊,已自觉理亏,便道:"朕也没有其他的意思,只是要苏轼回来交代清楚,审理完他的问题和是非,很快就会把他放出来的。"

然而另一方面,苏轼已经在逼供下"认罪",御史中丞李定便上奏说:"轼起于草野垢贱之余,朝廷待以郎官馆职,不为不厚,所宜忠信正直,思所以报上之施,而乃怨怼显用,肆意纵言,讥讽时政。自熙宁以来,陛下所造法度,悉以为非。古之议令者,犹有死而无赦,况轼所著文字,讪上惑众,岂徒议令之比?轼之奸慝(tè),今已具服。不屏之远方则乱俗,再使之从政则坏法。伏乞特行废绝,以释天下之惑。"

这是说,苏轼出身贫贱,朝廷给他直史馆这样的清贵官职,真心是厚待他了,这厮本该精忠报国,好好想想怎么回报陛下厚恩,结果竟然怨恨自己没有被重用,一张嘴巴口无遮拦,整天说违逆的话语讥讽朝廷大政。从熙宁以来,陛下推行的新法,他全都认为是不对的。古代妄议政令的人,尚且有杀无赦的先例,何况苏轼所写的诗词文章,谤讪陛下,惑乱大众,哪里单单是妄议政令可以比拟的?苏轼的奸邪罪恶,他现在已经全部认罪了。如果不把他流放到偏远军州恐怕就会败坏风俗舆论;倘若再使他为官恐怕就会败坏朝廷新法。乞求陛下将他处以极刑,以此来令天下被惑乱的人能够觉悟。

也就是说,李定是向神宗皇帝建议,干脆杀了苏轼这种乱说话、偏偏又名气太大的人,省得给朝廷的新法添麻烦,整天讥讽陛下的新政,败坏陛下名声。

御史舒亶又言:"驸马都尉王诜,收受轼讥讽朝政文字及遗轼钱

六、乌台旋涡 115

物,并与王巩往还,漏泄禁中语。窃以轼之怨望、诋讪君父,盖虽行路犹所讳闻,而诜恬有轼言,不以上报,既乃阴通货赂,密与燕游。至若巩者,向连逆党,已坐废停。诜于此时同罣(guà)论议,而不自省惧,尚相关通。案诜受国厚恩,列在近戚,而朋比匪人,志趣如此,原情议罪,实不容诛,乞不以赦论。"

又言:"收受轼讥讽朝政文字人,除王诜、王巩、李清臣外,张方平而下凡二十二人,如盛侨、周邠辈固无足论,乃若方平与司马光、范镇、钱藻、陈襄、曾巩、孙觉、李常、刘攽、刘挚等,盖皆略能诵说先王之言,辱在公卿、士大夫之列,而陛下所尝以君臣之义望之者,所怀如此,顾可置而不诛乎!"

舒亶的话就更石破天惊了,简直只能用骇人听闻来评价。他说,驸马都尉王诜,平日里留下苏轼讥讽朝廷的违逆诗文,又常常给苏轼钱物,过从甚密。又和王巩往来,一起把朝廷要抓捕苏轼的机密泄露出去。臣认为以苏轼对朝廷的怨恼愤恨、诋毁谤讪君父的言行,即使是走在路上的行人也不敢去听闻,而王诜却心安理得、泰然自若地收藏着苏轼的违逆诗文,不把这些罪证上报朝廷,又和苏轼暗中有经济往来,偷偷摸摸地一起宴饮游乐。至于像王巩这样的,过去就与逆党勾结,已经被罢职。王诜在这种时候已经被牵连进谤讪朝廷的大罪里,却不自己好好反省恐惧,还和王巩走动沟通。按理说王诜乃是大长公主驸马,受到国家朝廷的厚恩,属于与陛下很亲近的皇亲国戚,却与奸人交结为朋,志趣如此,根据情况和法规论罪,就算是诛杀了他也不能赎罪!

这是要把当时泄露消息给苏轼的王诜、王巩二人往死里整。但这还不算完。因为王诜、王巩实际上在政坛上只是小人物,务必株连他们的目的是为了打倒旧党更有分量的大人物们。

所以舒亶接着说,接受苏轼违逆诗文的人里,自张方平以下还有共二十二人之多!除了个别小鱼小虾无所谓,像张方平、司马光、范镇、刘攽、刘挚等,基本都是先王留下来的大臣,多少能够记得点先王的教诲吧,却污辱了自己公卿、士大夫的身份!陛下过去曾经以君臣大义来指望他们,他们却怀着如此之心,难道反而可以放任其危害新政却不诛杀吗?!

舒亶这完全是图穷匕见了,要通过苏轼的案子,牵连王诜、王巩是假,打倒司马光等旧党大人物才是真正目的,他甚至表示应该将这些人都处以极刑!如果神宗皇帝听信了舒亶的建议,那丑陋的文字狱就要在北宋出现了。

最终让神宗下定决心的人或许还是此刻站出来说话的王安石。王安石虽然已经退居金陵,不再担任同平章事,但对北宋政坛而言仍然是举足轻重的人物。

他在上书中说:"岂有圣世而杀才士者乎?"(南宋周紫芝《太仓稊米集》卷四十九·读诗谳:旧传,元丰间朝廷以群言论公,独神庙惜其才,不忍杀。丞相王文公曰:"岂有圣世而杀才士者乎?"当时谳议,以公一言为决。)

于是神宗皇帝终于决定从轻发落苏轼,而不治以大罪。

元丰二年(1079年)十二月二十八日,对苏轼等人的处罚决定公布了。

祠部员外郎、直史馆苏轼责授检校水部员外郎、黄州团练副使、本州安置,不得签书公事,令御史台差人转押前去。绛州团练使、驸马都尉王诜追两官勒停。著作佐郎、签书应天府判官苏辙

六、乌台旋涡

监筠(jūn)州盐酒税务,正字王巩监宾州盐酒务,令开封府差人押出门,趣(cù)赴任。太子少师致仕张方平、知制诰李清臣罚铜三十斤。端明殿学士司马光、户部侍郎致仕范镇、知开封府钱藻、知审官东院陈襄、京东转运使刘攽(bān)、淮南西路提点刑狱李常、知福州孙觉、知亳(bó)州曾巩、知河中府王汾、知宗正丞刘挚、著作佐郎黄庭坚、卫尉寺丞戚秉道、正字吴琯、知考城县盛侨、知滕县王安上、乐清县令周邠、监仁和县盐税杜子方、监澶州酒税颜复、选人陈珪钱世雄各罚铜二十斤。

在这份长长的处罚决定中,苏轼被贬谪黄州,以团练副使职务本州安置,所谓不得签书公事就是表示他没有处理公务的权力,属于罪臣,只能在黄州好好反省。给苏轼通风报信的驸马王诜被解除一切职务,算是从重处理了。而曾上书表示愿以自己官职为苏轼赎罪的弟弟苏辙也被贬官往筠州(约在今四川宜宾市筠连县)。王巩最是无辜,实际上没找到什么所谓的犯罪证据,但是一样因为跟苏轼交好,照样给贬官到偏远的宾州(在今广西境内)。

至于其他和苏轼有书信诗词往来的人,以张方平、司马光、范镇等人为首,均处以罚铜的处罚。

在被御史台关押了一百三十天,三个多月之后,苏轼终于重新见到了监狱之外的阳光。他保住了性命和官身,这场可怕的乌台诗案终于告一段落。

然而即便是到了黄州,构陷和毁谤之声仍然如影随形。甚至当时连贵为宰相的同平章事、集贤殿大学士王珪也找了苏轼的"黑材料"在皇帝面前告刁状。

在王巩的《闻见近录》中记载着这样一件事：

> 王和甫尝言，苏子瞻在黄州，上数欲用之，王禹玉辄曰："轼尝有'此心惟有蛰龙知'之句，陛下龙飞在天而不敬，乃反欲求蛰龙乎？"章子厚曰："龙者，非独人君，人臣皆可以言龙也。"上曰："自古称龙者多矣，如荀氏八龙，孔明卧龙，岂人君也？"及退，子厚诘之，曰："相公乃欲覆人之家族耶！"禹玉曰："它舒亶言尔。"子厚曰："亶之唾，亦可食乎？"

原来王巩曾听王安礼说起，苏轼到黄州后，神宗皇帝几次有想起用苏轼的念头。王珪就借机诬蔑说，苏轼曾经在诗里写"此心惟有蛰龙知"的诗，陛下龙飞在天他反而不敬仰，却反求蛰龙？（蛰伏的龙，多比喻民间的才志之士）言下之意是苏轼似乎把自己比作蛰龙，其心可诛，犹不可问啊！关键时刻新党的章惇出面为苏轼说话："龙并不只是指君王，古代人臣都可以称为龙。"神宗也说："自古称为龙的大才之人很多，比如三国时候荀氏八龙，孔明卧龙，难道他们都是君王吗？"王珪被质问得哑口无言。离开迩英阁后，章惇诘问说："相公您莫非是要苏轼满门抄斩吗！"王珪被问得十分尴尬，推说是听御史舒亶说的。章惇冷笑道："舒亶的唾沫，相公也喜欢吃啊！？"

朝中政敌对苏轼的忌恨，由此可见一斑。

那么苏轼在黄州的生活究竟如何，他的仕途是否还有转机，就留待下文揭晓。

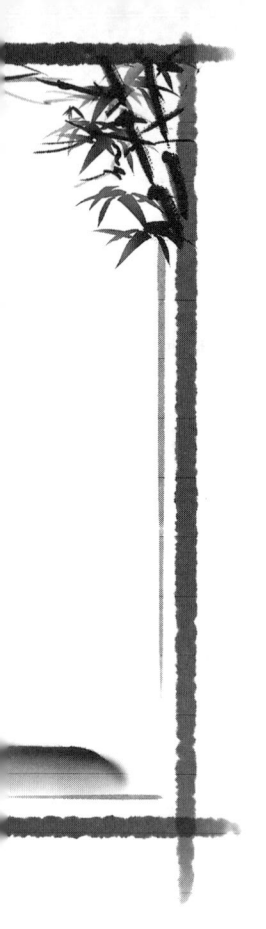

拣尽寒枝不肯栖
寂寞沙洲冷

七
吟啸徐行

元丰三年(1080年)二月,苏轼抵达黄州。经历了祸从天降的乌台诗案之后,子瞻已经由之前的锋芒毕露变得颇有些性格内敛了。

在黄州的一个夜里,他困意难寻,踏着月色,走到江河之旁。想到自己此刻形单影只,茕茕孑立,不禁怅惘难抑起来。蓦地,苏轼瞧见一只鸿雁在月华照映之下飞过树梢,盘桓良久。苏轼一哂,只有眼前的孤鸿能看到自己此时此地的狼狈吧!然而这孤鸿不也就仿佛是自己吗?苏轼回想起进京赶考以来踏入仕途的种种往事,恍如一梦,遗憾、愤恨、不甘……又有谁人能懂得呢?自己如同这只孤鸿一般,拣尽寒枝不肯落下,不正是因为自己桀骜不驯么?

于是苏轼写下了著名的《卜算子》。

  缺月挂疏桐,漏断人初静。谁见幽人独往来,缥缈孤鸿影。 惊起却回头,有恨无人省。拣尽寒枝不肯栖,寂寞沙洲冷。

关于这首词,尚有一个追星的旖旎传说。《瓮牖闲评》卷五云:

苏东坡谪黄州,邻家一女子甚贤,每夕只在窗下听东坡读书,后其家欲议亲,女子云:"须得读书如东坡者乃可。"竟无所谐而死。故东坡作《卜算子》以记之。

看来苏轼在黄州已是有了热情的"歌迷",这邻家女子不仅贤良淑德,而且好文章诗赋,居然每天晚上都痴痴地在子瞻书房窗外偷听他读书。后来家里议论要给她安排婚事,姑娘居然说,必须要读书读得像东坡这样的才行。最终竟然大约看不上父母之命、媒妁之言所安排的对象们,婚事未成,郁郁而终。此事虽然未必在细节上完全属实,但苏轼风雅过人,绝无虚言。他未入禁林之时,百姓已多美称其为苏学士,即是因他才高八斗,倜傥非凡。或许在黄州,果有一些倾慕他的女子,亦不足为怪。就如苏门四学士等聚集在苏轼身边,他人格的巨大魅力,并不是空穴来风,子虚乌有的。

黄庭坚曾为此词作跋,说:"语意高妙,似非吃烟火食人语。非胸中有万卷书,笔下无一点尘俗气,孰能至此?"

然而生活并不是只有诗和远方的田野,有时候往往还有许多苟苟且且的精打细算,因为生活不会理会文豪与否,也不在意你吟诗作赋北窗里。没有了州郡一把手的优厚俸禄和公使钱,苏轼大约在人生中罕见地开始和妻子一起筹划日常的开销,算算如何才不致使全家人忍饥挨饿。

在黄州安顿下来之后,一转眼也到了第二年。一些好友亦从各地寄来书信,与子瞻诗词唱和。如章惇之堂兄弟章楶就曾赋《水龙吟》予苏轼,苏轼于是亦赋一首以和之,即《水龙吟·次韵章质夫杨花词》:

> 似花还似非花,也无人惜从教坠。抛家傍路,思量却是,无情有思。萦损柔肠,困酣娇眼,欲开还闭。梦随风万里,寻郎去处,又还被莺呼起。
>
> 不恨此花飞尽,恨西园、落红难缀。晓来雨过,遗踪何在,一池萍碎。春色三分,二分尘土,一分流水。细看来,不是杨花,点点是离人泪。

章楶的词尚不脱寻常咏物和闺怨的局限,然苏轼此词便大有不同。一句"似花还似非花"便已先声夺人,非同凡语。杨花固然是颇不似花,然此语开篇,更已是暗含由杨花而及世间离别的深意。下阕"春色三分,二分尘土,一分流水"用语之妙,如排重峦叠嶂而见空谷幽兰。杨花无人疼惜,抛家傍路的这种凄凉,最后落实到"点点是离人泪",则人世离恨,歌咏之意甚明了。

或许是感念此前好友鄂州知州朱寿昌对于自己一家初到黄州时的诸多帮助,苏轼又写了一首《满江红》送给朱寿昌。

> 江汉西来,高楼下、蒲萄深碧。犹自带、岷峨云浪,锦江春色。君是南山遗爱守,我为剑外思归客。对此间、风物岂无情,殷勤说。
>
> 《江表传》,君休读;狂处士,真堪惜。空洲对鹦鹉,苇花萧瑟。不独笑书生争底事,曹公黄祖俱飘忽。愿使君、还赋谪仙诗,追黄鹤。

长江滚滚,汉水滔滔,自西奔流而来。黄鹤楼下,浩浩江水犹如葡

七、吟啸徐行　123

萄一般碧绿澄澈。想来江水的源头,定是有着岷山、峨眉的云气与融化的积雪,眼前的美景,正是杜甫所说的锦江春色吧!君乃爱民如子、美誉传四海的陕州通判;而我则是家乡远在剑门以南的思乡浪子。此间风情万种,我正要向你诉说。

《江表传》,君其勿读矣!狂傲的祢衡实在值得同情和叹息啊!想来他空对鹦鹉之洲,苇花萧瑟,身死神灭,悲哉!不只是书生意气可堪一笑,当年雄才伟略的曹操和镇守江夏的黄祖不也都烟消云散了吗?愿君以此为戒,诗书相伴,可如李白一般写诗媲美崔颢。

在这首《满江红》里,苏轼由祢衡的狂傲不羁而被杀想到了自己的遭遇,他颇为动情地规劝友人朱寿昌,要他勿学祢衡,仕途中不妨以诗歌文章品评风月,切不可招惹大祸。经历了乌台诗案的苏轼,此刻颇有些对仕宦生涯看淡了的意思。

另一方面,随着带来的积蓄行将用尽,苏轼开始了垦种荒地的无奈之举。然而虽然事出无奈,亲自种田的经历令苏轼想到了躬耕山野之间的陶渊明,他忽而豁然开朗起来,以仙风道骨、逍遥自在的陶潜自居,并且把自己开垦的荒地命名为"东坡",又自号"东坡居士"。一个震烁历史长河的名字——苏东坡,诞生了。

苏轼此时甚至还养了一头耕牛,一日牛忽病难治,倒生出一桩趣事。据《坦斋笔衡》和《尧山堂外纪》卷五十一:

> 东坡在黄,即坡之下,种稻为田五十亩。自牧一牛,一日,牛忽病几死,呼牛医疗之,云不识症状。王夫人多智多经涉,语坡曰:"此牛发豆斑,疗法当以青蒿作粥啖之。"如言而效。尝举以告章子厚,谓:"君毋云我自谪居后便作老农,更无乐事,岂知老

妻犹能接黑牡丹也。"子厚曰:"我更欲留君与语,恐人又谓从牛医儿来,姑且去。"遂大笑而别。

原来当时苏轼家里的牛生病后,家人急忙找来牛医问诊,结果这兽医似乎是岐黄之术不精,居然说看不出奄奄一息的耕牛究竟得的是什么病症。幸好王闰之博学多知,对东坡说:"这牛发豆斑,疗法应该是要用青蒿熬成粥给它吃下去。"东坡吩咐家中仆役按夫人说的去做,果然令病牛痊愈如初。以今人看来,大约苏轼是个炫妻者,后来他不忘把这事告诉好友章惇,说你不要认为我自从谪居黄州后就当了老农,再无乐事,哪里知道我的老妻还可以治活几乎病死的耕牛呢!章惇回复苏轼:"我还想留你多说两句,恐怕别人又要说我从牛医儿那里回来,还是回去吧!"两人便同声大笑而别。所谓"牛医儿"者,盖用《后汉书》卷五十三《黄宪传》之典。其云:是时,同郡戴良才高倨傲,而见宪未尝不正容,及归,罔然若有失也。其母问曰:"汝复从牛医儿来邪?"对曰:"良不见叔度,不自以为不及;既睹其人,则瞻之在前,忽焉在后,固难得而测矣。"这是说,黄宪出身贫贱,父亲为牛医,然而当时声望闻名遐迩,同郡的戴良才高倨傲,见到他后却自惭形秽,惘然若失,以至于戴良的母亲便总是拿"你又从牛医儿那回来的吧!"来取笑他。故此即是章惇想到苏轼才高,好友之间的一种揶揄。

这一时期他写了很多有关陶潜或者进一步以此自比的诗词。如《江神子》:

黄昏犹是雨纤纤。晓开帘。欲平檐。江阔天低,无处认青帘。孤坐冻吟谁伴我,揩病目,捻(niē)(古仄声)衰髯。

> 使君留客醉厌厌(饮酒时欢乐、沉醉的样子。语出诗经小雅湛露:厌厌夜饮,不醉无归。)水晶盐。为谁甜。手把梅花,东望忆陶潜。雪似故人人似雪,虽可爱,有人嫌。

这首词也是苏轼写给朱寿昌的。他说,昨日黄昏时分仍是细雨绵绵,不意今日清晨推开窗帘发现大雪积满了屋檐。天寒地冻,眼前江岸辽阔,大雪漫天,连酒肆的旗子都看不见了。此刻独坐的东坡不禁感慨自己内心之空寂,睡眼蒙眬间抹抹眼睛,捋捋胡须。想来收到信的时候使君或许正在大宴宾客,美味佳肴,譬如玉华水晶之盐,不知为谁而甜美?东坡此刻不能入席赴宴,使君念及此,或者也正拿着一枝梅花,向东望着黄州,想到这位今世的陶渊明吧!大雪犹如故人,你我品行也如白雪一样高洁,虽然可爱,但是一样有人嫌弃啊!

又如另一首《江神子》:

> 梦中了了醉中醒。只渊明。是前生。走遍人间,依旧却躬耕。昨夜东坡春雨足,乌鹊喜,报新晴。
> 雪堂西畔暗泉鸣。北山倾。小溪横。南望亭丘,孤秀耸曾(zēng)城(高大的城阙)。都是斜川当日境,吾老矣,寄余龄。

这首词里苏东坡想到过去陶渊明斜川之游,乃以此自比。他想到,人生在世如佛家所说,如梦幻泡影,能够在世人皆醉的红尘里了悟宇宙、人生的大道,算来也只有风流潇洒的陶渊明吧!我们如此性格相仿,或许他就是我的前世?我宦海浮沉,最后仍然回到田园山水中亲自耕种。一夜春雨降东坡,乌鹊报喜,今日放晴,一派气象一新。我所筑之雪堂西侧有泉水声鸣,遥看北山相倾,小溪纵横,南望着亭台丘壑,这四望亭孤峰秀丽,犹如渊明所临之城阙。眼前风情就像是当年的斜川胜景,我苏东坡老则老矣,大可在此度过余生!

实际上陶渊明与苏轼还是颇有不同的。陶渊明成为后来李白、苏轼这样最顶尖的大文豪所崇拜的偶像,并不仅仅因为他的诗赋文章,更是因为他傲岸自由的文人独立之精神,这种精神后来的人们都想学又学不好,红尘名利总是抛舍不下。《晋书·隐逸传》里记载,"郡遣督邮至县,吏白应束带见之,潜叹曰:'吾不能为五斗米折腰,拳拳事乡里小人邪!'"这是说当时陶渊明担任彭泽县令,郡里派遣督邮到县里考察,按惯例得好茶好酒外带厚礼送上吧?陶渊明可不这么干,非但不来这一套,当县里小吏告诉他应该穿戴好官服见督邮的时候,陶渊明说,"我难道要为屈屈五斗米的俸禄弯腰曲背,阿臾侍奉乡里小人嘛!"然后他干脆挂印不干了,辞官回家种田。这种潇洒偶傥,令后来无数人崇拜不已。正是因为许多人只能徒学渊明之形,故而愈加对其褒奖追慕。

这一时期东坡的诗词确乎具有一些陶渊明的风格。试看这首《定风波》:

莫听穿林打叶声,何妨吟啸且徐行。竹杖芒鞋轻胜马,谁怕?一蓑烟雨任平生。

料峭春风吹酒醒,微冷,山头斜照却相迎。回首向来萧瑟处,归去,也无风雨也无晴。

这首词的潇洒从容与禅意旨趣都颇得陶潜诗歌之雅意。且此首词之高妙更在于几乎句句是仙风道骨的韵味,字里行间里到处是溢于言表的禅意。人生的坎坷萧瑟,政争的风雨雷声,都在周遭又全无紧要。天地之间,唯我浩瀚光明。荣辱得失,不过是世间的福报因果,大丈夫当要立一切法、泯一切法、统一切法,非有非无,最后连这个非的名相亦不可得。这些禅意的领悟,当是和苏轼与僧人们的来往以及自身的际遇所分不开的。

或许正是以陶潜自比的契机,东坡的思想与文采都在黄州开始有了质的飞跃,逐渐创作出更多足以流芳千年的不朽诗篇,他将成就自己文名压百代的赫赫文章之伟业。

元丰五年(1082年),东坡游黄州赤壁,写下了千古名篇《念奴娇·赤壁怀古》,大大开拓了词的意境。

> 大江东去,浪淘尽、千古风流人物。故垒西边,人道是、三国周郎赤壁。乱石崩云,惊涛裂岸,卷起千堆雪。江山如画,一时多少豪杰!
>
> 遥想公瑾当年,小乔初嫁了,雄姿英发。羽扇纶巾,谈笑间、樯橹灰飞烟灭。故国神游,多情应笑我、早生华发。人间如梦,一樽还酹江月。

字词的豪迈简洁,根本无需赘言诠释,千古历史的永恒话题与英雄豪杰的命运起伏,在东坡的词里汇成一曲绝妙的交响乐。

这一年七月,东坡携几位友人再游赤壁。是夜清风朗月,舟中诸人兴致甚佳,诗酒唱和,于是千古雄文又诞生了。

这便是《前赤壁赋》:

壬戌之秋，七月既望(农历每月十六)，苏子与客泛舟游于赤壁之下。清风徐来，水波不兴。举酒属(zhǔ)客，诵明月之诗，歌窈窕之章。少焉，月出于东山之上，徘徊于斗牛之间。白露横江，水光接天。纵一苇之所如，凌万顷之茫然。浩浩乎如冯(píng)(通"凭")虚御风，而不知其所止；飘飘乎如遗世独立，羽化而登仙。

于是饮酒乐甚，扣舷而歌之。歌曰："桂棹(zhào)(划船之工具。前推者曰桨，后推为棹。)兮兰桨，击空明兮溯(sù)流光。渺渺兮予怀，望美人兮天一方。"客有吹洞箫者，倚歌而和之。其声呜呜然，如怨如慕，如泣如诉；余音袅袅，不绝如缕。舞幽壑之潜蛟，泣孤舟之嫠(lí)妇。

苏子愀(qiǎo)然，正襟危坐，而问客曰："何为其然也？"客曰："'月明星稀，乌鹊南飞。'此非曹孟德之诗乎？西望夏口，东望武昌，山川相缪，郁乎苍苍，此非孟德之困于周郎者乎？方其破荆州，下江陵，顺流而东也，舳舻(zhú lú)千里，旌旗蔽空，酾(shī)酒临江，横槊(shuò)赋诗，固一世之雄也，而今安在哉？况吾与子渔樵(qiáo)于江渚之上，侣鱼虾而友麋鹿，驾一叶之扁舟，举匏(páo)樽以相属。寄蜉蝣于天地，渺沧海之一粟。哀吾生之须臾，羡长江之无穷。挟飞仙以遨游，抱明月而长终。知不可乎骤得，托遗响于悲风。"

苏子曰："客亦知夫水与月乎？逝者如斯，而未尝往也；盈虚者如彼，而卒莫消长也。盖将自其变者而观之，则天地曾不能以一瞬；自其不变者而观之，则物与我皆无尽也，而又何羡乎！且夫天地之间，物各有主，苟非吾之所有，虽一毫而莫取。惟江上之清风，与山间之明月，耳得之而为声，目遇之而成色，取之无禁，用之

不竭。是造物者之无尽藏也,而吾与子之所共适。"(共适一作:共食)

客喜而笑,洗盏更酌。肴核既尽,杯盘狼籍。相与枕藉乎舟中,不知东方之既白。

这篇前赤壁赋完全可以说是光耀千古的文章,其语言韵律之美,难以言表。勉强说以大意,也只能显露其万分不及一。

苏轼说:

元丰五年秋,七月十六日。我与友人一起泛舟游览于赤壁。清凉之风缓缓吹来,江面静谧而无波。我举起酒杯向友人们劝酒,又吟诵着《诗经》陈风里的"月出"之诗,[月出皎兮,佼。人僚兮。舒窈纠兮,劳心悄兮。月出皓兮,佼人懰(liǔ)兮。舒忧受兮,劳心慅兮。月出照兮,佼人燎兮。舒夭绍兮,劳心惨兮。(一说为讽刺陈国统治者好色;朱熹以为是男女相悦之辞;学者高亨以为是陈国统治者杀害一位俊伟之士的诗歌。以懰为刘,杀戮也。)]唱起"舒窈纠兮,劳心悄兮"的章节。不久,明月出于东山之上,徘徊在斗牛星宿之间。白茫茫的水汽横于江面,闪动着月华的波光遥接天际。且由这一苇轻舟随波漂流,越过茫无边际的万顷烟波吧。浩浩荡荡的江面上我们仿佛是御风而行,却不知道飞到何处才停歇;衣袖飘舞,又如远离了俗世,逍遥自在地成了飞升的仙人。

在这时,大家酒喝得很高兴,纷纷趁着酒兴敲击船舷,打着节拍唱道:"桂棹兮兰桨,击空明兮溯流光。渺渺兮予怀,望美人兮天一方。"有一位吹着洞箫的友人,依着我们的歌声伴奏起来。那声音呜呜咽咽,似是哀怨又如眷恋,仿佛哭泣又像倾诉。余音悠长细柔,像是一缕长丝缭绕不绝,简直能令潜伏在幽潭深泉中的蛟龙也舞动起来;又能使水村孤舟中久已无感情的寡妇动情哭泣起来!

我也为此忧伤起来，正襟危坐问他："为什么这洞箫的乐声这样悲凉呢？"友人回答："'月明星稀，乌鹊南飞'，这不是曹孟德的诗吗？向西望到夏口，东望到武昌，这里山河缭绕，草木繁盛，郁郁苍苍，这不就是当年孟德被周郎围困的所在吗？当年曹公不战而下荆州，又攻取江陵，顺着滚滚长江率军东下，战船首尾相连，长达千里，旌旗遮天蔽日，不可胜数。他对着浩浩江水举杯豪饮，挥舞着长矛吟诗作赋，真是不可一世、气吞山河的英雄啊！然而他如今又在哪里呢？何况我和你此刻如同渔夫樵夫一般在江湖沙洲之间，以鱼虾为伴，以麋鹿为友，驾着一叶扁舟，举着葫芦酒杯互相劝酒，我们就像是寄寓在天地之间的蝼蚁蜉蝣，在苍茫大海中不过是渺小不足道的一粒谷子罢了！生命的短暂真是值得哀叹，羡慕长江绵延万里的无穷无尽啊！愿能拉着飞翔的仙人一起遨游在宇宙洪荒之中，更愿抱着明月随它一起万古长存啊！然而我知道这些终究是不可能实现的幻梦，只能把遗憾的乐声诉诸秋风之中。"

苏轼说："你也知晓江水与月亮的奥妙吗？江水日夜不停地奔流，但也可以认为它从不曾离开任何一个地方；月亮如同我们看到的那样阴晴圆缺，但它终究实际上并无增减。那么就可以认为，对于万事万物来说，从他们变化着的角度来观察思考，整个天地就没有一瞬间不是在运动变化着的；从他们固有不变的角度去观察思考，万事万物包括你我都是永恒存在的。又为什么要羡慕其他事物呢？况且天地之间，万物都有其各自的主人。如果不是你我所拥有的东西，即使是一丝一毫也没办法得到。只有这江上的清风和山间的朗月，耳朵听到就成为美妙的声乐，眼睛看见就变成靓丽的景色，取用不尽，这就是造物主珍藏的无尽宝藏啊，也是你我可以共享的珍宝。"

友人高兴地笑了,我们又洗净杯盘,重斟美酒,一直喝到菜肴瓜果都吃光,杯盘凌乱不堪,大家才互相枕靠着睡在船上,不知东方之既白。

《前赤壁赋》之所以冠绝千古不仅仅是体现在文学性上,苏轼在其中表现出了从庄子思想中得到的体悟。在经历了生死之关的磨砺后,苏轼大约开始能够进入庄子的世界里一窥堂奥了。庄子对于"大一"的认识是十分深刻的,苏轼能从天人合一、宇宙大全的角度去超越个体的局限,去认识"存在"这一哲学问题,并通过诗赋的形式表述出来,实在是能人所不能。

三个月后,苏轼再游赤壁,这次他写了《后赤壁赋》。其中亦是名句迭出,令人震撼。

日常生活里,苏轼颇耐不住寂寞,几乎是在家里一天都闲不住。叶梦得《石林避暑录话》卷一载:

> 子瞻在黄州及岭表,每旦起,不招客相与语,则必出而访客,所与游者亦不尽择,各随其人高下,谈谐放荡,不复为畛畦(zhěn qí)(田间小路,喻界限也),有不能谈者则强之使说鬼,或辞无有,则曰:姑妄言之。于是闻者无不绝倒,皆尽欢而后去。设一日无客者,则欿然若有疾。

从材料中可知,苏轼每天几乎是一起床就要呼朋引伴,要么是把朋友带回家里闲谈;要么就是出去寻访二三友人。苏轼在黄州交友不问学问高下,他遇着能和自己聊天的便都能天南海北地说开了去,毫无曾经牧守一方的官僚架子。碰到不善言辞的,苏轼就非要人家说,甚至聊鬼怪奇谈都没关系,别人推说:"这怕是世间没有的事罢。"苏轼却道:"你姑且随便乱说也行啊!"苏轼总是能如此轻易地逗乐周围的朋友。假如一天没有与人往来,苏轼就好像生了病似的不痛快。这无疑说明苏轼内心恰是极度孤单的,故而他如此需要人陪伴,来纾解自己的落寞。

元丰六年(1083年),东坡在雪堂喝得酩酊大醉,夤夜至于家门外,家中童仆早已酣睡,无论东坡怎么敲门都毫无反应。于是东坡干脆倚靠着手杖,静静地听着江水夜奔的声音,吟唱了一首《临江仙》:

夜饮东坡醒复醉,归来仿佛三更。家童鼻息已雷鸣。敲门都不应,倚杖听江声。

长恨此身非我有,何时忘却营营。夜阑风静縠(hú)纹平。小舟从此逝,江海寄余生。

上阕极富画面感。东坡非常有风度地没有一直敲下去,而是选择让家童且睡个够,他自己则就着日夜奔流的江河声思考起人生的起起落落。老子在《道德经》里曾说:"吾所以有大患者,为吾有身。及吾无身,吾有何患?"佛家亦说色身非我,不过是一暂时寄居之所。东坡想到自己为了这副皮囊,年轻时在东京诗酒高会,嘴不肯饶人;如今上了年纪,贬官编管在黄州,还要为了它躬耕田亩之中,人世间的红尘琐事什么时候才能全部放下呢?夜已深,江面上风平浪静,东坡此时忽生出泛舟江海,不复入世的归隐心情。然而这终究只能是个念想。

东坡在黄州的生活也随着结识越来越多朋友而变得更加丰富多彩起来。他的情感也随着思想的超越而变得具有某种不同寻常的力

七、吟啸徐行

量和魅力。就如他在写给张怀民的《水调歌头》中那句:"一点浩然气,千里快哉风。"尽管实际上是两处用典,然而语出自然,犹如一位剑客侠士,又如自诩智珠在握的圣贤,仿佛如陶渊明一般,已经看破人生的迷雾。

另一方面,神宗皇帝也开始想重新起用苏轼。尽管数次遭到王珪、蔡确等人阻挠,加上元丰四年(1081年)五路伐夏惨败等原因,神宗皇帝依然没有忘记远在黄州谪居的苏轼。据《复雅歌词》云:

> 是词乃东坡居士以丙辰中秋欢饮达旦大醉,作《水调歌头》兼怀子由,时丙辰熙宁九年也。元丰七年,都下传唱此词。神宗问内侍外面新行小词,内侍录此进呈。读至"又恐琼楼玉宇,高处不胜寒",上曰:"苏轼终是爱君。"乃命量移汝州。

神宗读到苏轼词意中认为天宫虽美,不及地上人间,以为是忠爱君父,这自然颇有一些帝王自大的心理在里面,但确实苏轼的这首《水调歌头》不仅仅是思念子由,亦是在含蓄表达自己仍有兼济天下的抱负和理想,这毕竟是儒士挥不去的梦。

元丰七年(1084年),神宗皇帝下达了诏令,改除苏轼汝州团练副史,本州安置、不得签书公事。表面上看仍然是贬官罪臣的处置,因为不得签书公事这一条并未去除,但实际上汝州离京城已经较近,这是神宗皇帝投石问路的一步棋。由于过去几年起用苏轼的建议被反对、敷衍了多次,这一回仅仅是更换谪居编管的州郡,便是任何人都没法说三道四了。

于是苏轼在接到诏令后开始准备离开黄州。他还不知道的是,他的仕宦生涯将进入一个新的时期了。

苏轼自黄州移汝州期间,与佛印禅师交往甚密。纵观苏轼一生与僧道的交游,参寥与佛印俱是他来往较多的高僧。苏轼好戏谑,佛印亦颇诙谐,正是相得益彰,两人交游,多有趣事流传。

据《画品》卷一:

> 东坡问佛印曰:"《镬(huò)汤狱》图,如何不画和尚?"佛印曰:"人间怕阎罗,阎罗怕和尚。"翁曰:"怕你什么?"对曰:"若是阎罗有犯,亦要和尚忏除。"坡大笑曰:"好说,好说。"

这则材料里,苏轼本是拿佛印的僧人身份开玩笑,问他镬汤地狱的图画里,画了那么多各行各业的人,怎么偏偏没有和尚呢?佛印告诉苏轼,在佛法的世界观里,哪怕是阎罗这样的阴神鬼帝,还受因果,自然是敬畏佛法僧三宝,要靠大德高僧指点,忏悔以消减恶业呢。言下之意,阎罗尚如此,又何况是肉体凡胎的学士你呢?说得苏轼不无忐忑地回答,好说好说嘛!咱俩啥关系,是不是?

《五灯会元》卷三百丈怀海禅师条目下记载过另一则故事,说是一老人常随众听百丈怀海禅师上堂讲法。一日众退之后乞请禅师救他脱离五百世野狐身,原来他曾于山中面对学人提问"大修行人还落因果也无?",答了句"不落因果",断人慧根,导致堕为野狐的果报。百丈怀海禅师看着眼前化为人形的老人,全无惊诧惧怕,只给他改了一字,即"不昧因果",意思是对因果清清楚楚,不再浑浑噩噩,当下便救他大悟,脱得野狐之身,重入轮回。此譬如《佛说盂兰盆经》里,释迦牟尼世尊弟子中神通第一的大目犍连,无法以神通减轻堕生饿鬼道中母亲饥饿之苦;又如《兴起经》第九、《楞严经》卷六、《大集经》卷二十一俱言世尊尝受马麦之报。[据《兴起经》载,释迦牟尼世尊曾在阿耨(nòu)大泉告诸舍利弗,何以他与五百罗汉在舍卫国毗兰邑食马麦九十日。原来过去久远世,毗婆尸佛(又作比婆叶如来)时,有一国王具丰盛斋饭供养毗婆尸佛及其僧众。饭食讫,乃为未能参加的病比丘请食。于是香喷喷的食物随着毗婆尸佛和僧众一路经过梵志(即婆罗门,或曰外道)山。梵志山王见到食物香美,便生嫉妒,骂道:"这群秃头沙门,正应该吃马麦啊!不应该吃这样甘美的食物!"此婆罗门领袖又问身边五百童子,尔等看到这群秃头道人和甘美食物了吗!五百童子便也说这些和尚该吃马麦。讲完这段因缘,释迦牟尼世尊告诉舍利弗,这过去久远世口出恶言骂了毗婆尸佛和僧团的那个婆罗门外道梵志领袖,就是世尊过去世的自己;而当时同样口出恶言的梵志眷属五百童子就是现在的五百罗汉,当时病比丘弥勒,则是现今的弥勒菩萨。世尊还告诉舍利弗,因为这一层因缘,他和五百罗汉,曾经历地狱无数千年。现在虽然成佛,过去残缘,使得世尊和五百罗汉们要在毗兰邑有食马麦九十日之报。若无因缘,虽魔迷惑国王,又何用?]这便是佛法中,所谓神通再大,不敌业果的道理,万法皆空,因果不空,这正是佛印相机在点拨苏轼,属于一段机锋了。

又据明代谢肇淛(zhè)所撰《五杂组》卷十六:

> 苏子瞻戏佛印曰:"向尝读古人诗云:'时闻啄木鸟,疑是打门僧。'又云:'鸟宿池边树,僧敲月下门。'未尝不叹息古人必以鸟对僧,自有深意。"佛印曰:"所以老僧今日常得对学士。"坡无以应。

苏轼亦是有趣非常,好做口舌之争,说古人写诗常常拿鸟、僧对举,这里面冥冥之中,自有深意啊。似乎是在说僧人整天诵经礼佛,要么禅机公案,呶呶(náo)不休,可不就是像整天啼鸣的鸟雀吗?哪知道佛印不可等闲视之,立刻回应:"这就是老僧我现在常常能够面对苏学士的原因啊。"言下之意,倒是苏轼成了只叽叽喳喳的小鸟了。连才高八斗的苏轼也被呛得哑口无言,被绕进自己的玩笑里了。

苏轼与佛印的交游大约始自黄州时期,此后二人仍有许多交集和诗书往来。我们于中不难见苏轼的性格之一端,对朋友来说,他辩才无碍,口若悬河,和他喝茶聊天,游山玩水确实是妙趣横生;但对于他颇看不惯的人,则各种戏谑讥讽,就恐怕会令他麻烦不断,是非缠身了。

人间如梦
一樽还酹江月

八
汴梁烟云

元丰七年（1084年），苏轼离开黄州。一路上两入庐山，又与弟弟苏辙终得相见重聚，盘桓数日。送别了赴德兴任县尉的长子苏迈，东坡一行抵达了金陵。

而此时，赋闲在家的王安石已经在金陵居住多年。

南宋时人朱弁（biàn）《曲洧（wěi）旧闻》卷五中记载着"东坡过金陵晤荆公"这样一则故事：

> 东坡自黄徙汝，过金陵，荆公野服乘驴，谒于舟次，东坡不冠而迎，揖曰："轼今日敢以野服见大丞相。"荆公笑曰："礼岂为我辈设哉！"东坡曰："轼亦自知相公门下用轼不着。"荆公无语。乃相招游蒋山。在方丈饮茶次，公指案上大砚曰："可集古人诗联句赋此砚。"东坡应声曰："轼请先道一句。"因大唱曰："巧匠斲（zhuó）山骨。"荆公沉思良久，无以续之，乃起曰："且趁此好天气穷览蒋山之胜，此非所急也。"田昼承君是日与一二客从后观之，承君曰："荆公寻常好以此困人，而门下士往往多辞以不能，不料东坡不可以此慑伏也。"

这是说苏轼从黄州往汝州途中,经过金陵,荆国公王安石穿着便服,乘着毛驴,在船边与苏轼相见。东坡甚至连冠帽也没戴就出仓相迎,作揖施礼说:"苏轼今日冒昧无礼地以村野之服参见大丞相。"王安石笑道:"礼仪难道是为我们这样超凡脱俗的人所设的嘛!"东坡兴致颇高,揶揄说:"苏轼也自己知晓,相公门下用不着我啊。"介甫相公被这句话勾起熙宁年间种种纷争,倒是一时语塞,便又邀苏轼一起游览蒋山。二人在山上寺庙方丈处喝茶,王安石指着桌案上的砚台说:"我们可以用古人的诗词对联组合起来为这方砚台作一句诗赋。"东坡不假思索,脱口而出:"苏轼请先说一句,巧匠斲山骨。"介甫相公沉思良久,居然没能对上来,于是起身道:"我们且趁着这大好天气去尽情游览蒋山的风景名胜之所,这对对子的事情不急不急。"田昼承当日和另外一二位客人也跟随着在旁目睹了这一切。后来田昼承说,荆国公平日喜欢用这种对对子的游戏"刁难"人,他门下弟子往往以对不上来推辞,不料东坡这样的天才就没办法用这种方法折服啊!

于中全然可见苏轼才情之高,也可见王安石与苏轼虽然政见不合,但是私交上早已并无龃龉,完全是君子之交。

离开金陵之后,因为在常州有田产,苏轼内心又产生了在常州居住的念头。于是苏轼向神宗皇帝上了《乞常州居住表》。他没有想到,这就是他最后一次与皇帝赵顼有所交流了。

元丰八年(1085年)初,神宗皇帝恩准了苏轼留住常州的请求。想来苏轼内心一定感慨皇帝陛下恩遇甚厚,而就在这一年三月,未及不惑的赵顼就以三十八岁之龄驾崩于福宁殿了。内心悲怆不已的苏轼写了三首挽词悼念先帝。其中一首如下:

> 接统真千岁，膺期止一章。
> 周南稍留滞，宣室遂凄凉。
> 病马空嘶枥，枯葵已泫霜。
> 余生卧江海，归梦泣嵩邙。

这是说，先帝以太子千岁的国家储君之身份继承大统，可谓名正言顺，天下景从。只是多么可惜，以天子之位治理万邦的时间只有一章(十九年)之短暂。而我滞留黄州、常州，多年来毫无尺寸之功以报陛下与社稷，(《史记·太史公自序》："是岁天子始建汉家之封，而太史公留滞周南不得与从事。"后因以"周南"为滞留某地而毫无建树之典。)而今陛下已经大行，先帝之宫殿也一片凄凉悲怆。我就犹如老病之犬马，徒劳无用地在马槽边嘶鸣；又如枯萎的葵花流泪如霜。我远在江海化外，与先帝已经生死离别，不能相见，只能在梦中到嵩邙山间再参拜陛下英灵啊！（嵩山、邙山俱在河南，当指神宗皇帝陵寝所在。）

在哀痛中东坡抵达了常州。他还不知道，远在京师汴梁，朝廷里已经发生了重大的变局。由于神宗皇帝驾崩，即位的哲宗皇帝赵煦年不满10岁，因此神宗皇帝的母亲临朝听政，成为实际上的最高统治者，在哲宗即位后成为了掌握政权的太皇太后。

高太皇太后对神宗皇帝和王安石所主持的熙宁变法始终持激烈的反对态度，甚至曾在熙宁七年时直截了当地对皇帝说："王安石变乱天下，怨之者甚众。不若暂出之于外。"至于高太皇太后反对变法的原因，恐怕很大程度上是因为变法伤害到了勋贵的利益。

《续资治通鉴长编》卷三百五十三记载：

初,司马光四任提举崇福宫既满,不取赴阙,再乞西京留司,御史台或国子监,未报。会神宗崩,光欲入临,又避嫌不敢。已而闻观文殿学士孙固、资政殿学士韩维皆集阙下,时程颢在洛,亦劝光行,乃从之。卫士见光,皆以手加额,曰:"此司马相公也。"民争拥光马,呼曰:"公无归洛,留相天子,活百姓!"所在数千人聚观之。光惧,会放辞谢,遂径归洛。

当时司马光的人望可见一斑。不仅如此,司马光还充当了高太皇太后废除新法的擘(bò)画者。他在奏章中说:

夫为政在顺民心,苟民之所欲者与之,所恶者去之,如决水于高原之上,以注川谷,无不行者。苟或不然,如逆阪走丸,虽竭力以进之,其复走而下可必也。今新法之弊,天下之人,无贵贱愚智皆知之,是以陛下微有所改,而远近皆相贺也。然尚有病民伤国,有害无益者,如保甲、免役钱、将官三事,皆当今之急务,厘革所宜先者。臣今别具状奏闻,伏愿决自圣志,早赐施行。议者必曰:"孔子称:'孟庄子之孝,其他可能也,其不改父之臣与父之政,是难能也。'又曰:'三年无改于父之道,可谓孝矣。'"彼谓无害于民、无损于国者,不必以己意遽改之耳。必若病民伤国,岂可坐视而不改哉?……况先帝之志本欲求治,而群下干进者,竟以私意纷更祖宗旧法,致天下籍籍如此,皆群臣之罪,非先帝之过也。……为今之计,莫若择新法之便民益国者存之,病民伤国者悉去之。使天下晓然知朝廷子爱黎庶之志,吏之苛刻者必变而为忠厚,民之离怨者必变而为亲誉,德业光荣,福祚无穷,岂不盛哉?……朝廷当此之际,解兆民倒垂之急,救国家累卵之危,岂暇必俟三年然后改之哉!况今军国之事,太皇太后陛下权同行处分,是乃母改子之政,非子改父之道也,何惮而不为哉?惟圣明裁察!

意思是说,朝廷施政治理天下的重点是顺从民心。如果百姓想要的政策能够施行,所厌恶的政策能够废除,就好像在高原之上决堤放水而注入河流山谷之中,没有不能轻易成功的。如果不这样做,就好比逆着斜坡滚球,即使竭尽全力来推进这颗球,球从斜坡的高处再次滚落而下也是必然的啊!现在新法的弊端,天下无论贵贱愚智的人都知道,因此过去先帝稍微改动新法,远近百姓都额首称庆。但仍然有很多令百姓困窘不堪、令国家烦扰滋事的新法,如保甲法、免役法、将官法三者,这都是当今紧要的事物,是应该优先改革的政策。臣现在另外详细奏告,伏愿(太皇太后)陛下圣裁,早日恩赐施行。恐怕届时非议的人会说:"孔子曾经讲过:'鲁国孟庄子的孝顺,其他地方别人也许能够做到吧,而他不改换父亲的家臣和父亲的施政方针,这是难能可贵的啊!'孔子还曾说:'三年不改父亲的行事准则,可以称得上孝顺了'。"那些对民众没有坏处的、又无损于国家的先帝所遗留之政策,作为帝王,确实不必以自己的心意骤然更改。如果这些政策是病民伤国的,难道能够坐视不管,不去更改吗?……何况先帝的伟大志向本是要求得天下大治,而群臣中那些希求越次升官的人,竞相以自己的想法纷乱错误地变更祖宗成法,致使天下喧闹混乱成了现在这个样子,这都是变法派群臣的罪过,不是先帝的过错。……为今之计,只有选择新法中对民众有便利、对国家有好处的政策姑且保留下来,对于新法中病民伤国的政策应该全部废除。使天下清楚明白地知道朝廷把黎民百姓当成子女一样爱护;使那些苛刻的官吏变得忠厚;使那些因怨恨朝廷新法而产生背离之心的民众变得对朝廷有亲近和称誉之心,从而使得朝廷的施政功德光荣无限,皇宋子民享福无穷,难道不是盛世之景嘛!何况现在军国大事,是太皇太后临朝称制,这属于母亲更改儿子的政策,并不是儿子更改父亲的施政理念,为什么要忌惮还不去做呢?伏愿陛下圣明裁断!

司马光巧妙地以"母改子政"之说为高太皇太后解决了在废除新法时很可能会出现的所谓"子改父道"而为不孝的舆论难题,为太皇太后的施政方针建立了理论基础。于是"元祐更化"在这样一种政治氛围中开始了。

元丰八年五月,诏责授汝州团练副使本州安置苏轼,复朝奉郎（元丰改制后之本官官阶,正七品）、知登州（在今山东境内）。——也就是说,苏轼在常州正过着惬意的田园山水生活,可是他的政治生涯已经迎来了否极泰来的转机,他被重新起复了!

苏轼行船经过泗水,尚有一桩趣闻。《挥麈后录》卷七载:

> 东坡先生自黄州移汝州,中道起守文登。身次泗上,偶作词云:"何人无事,燕坐空山。望长桥上灯火闹,使君还。"太守刘士彦,本出法家,山东木强人也,闻之,亟谒东坡云:"知有新词,学士名满天下,京师便传。在法,泗州夜过长桥者,徒二年,况知州邪!切告收起,勿以示人。"东坡笑曰:"轼一生罪过,开口常是,不在徒二年以下。"

这是说，东坡从黄州往汝州后，朝廷又起复他知登州。船停于泗上，苏轼兴之所至，赋词《行香子·与泗守过南山晚归作》一首，其中云："何人无事，燕坐空山。望长桥上灯火闹，使君还。"泗州太守刘士彦大约是幼学法家，个性又质直而刚，听闻后吓了一跳，心想这苏轼也太会惹麻烦了，立刻找上门拜谒苏轼，对他说："知道学士又作了新词，只是您名满天下，刚有什么大作，京师都下便是传唱不已。按皇宋律法，泗州夜过长桥的，要判两年徒刑，何况你是知州身份，知法犯法呢！还是把词收收好，不要拿出来给人看罢。"哪料到东坡一点不怕，反笑道："苏轼我一生罪过，开口惹祸的，恐怕都不在徒两年以下。"从这则材料又能看出我们的大诗人苏轼豪放不羁的个性了，有时候全不似个官僚，倒像是散修的逍遥仙人，繁文缛节、条令律法都不挂于心，这或许正成就了他的文章独步大宋，成就了他的诗赋光耀古今，或许也正是他命运多舛的一个因素吧。

另一方面，资政殿学士、通议大夫（元丰改制后之本官官阶，正四品）司马光已经应召入京，太皇太后任命其为门下侍郎（元丰改制后的副宰相名称）。这标志着司马光入参大政，开始执掌中枢大权。于是司马光开始有计划地大面积重新启用熙宁变法时被贬谪的众多反对变法的旧党大臣。

苏轼在常州接到重新起用自己的诏令，大约是在此年六月。根据以往朝廷大用一个人的惯例，升官往往都是眨眼间的事情。果不其然，同年九月，苏轼刚刚到登州没多久，新的诏令又来了，以礼部郎中（即后行郎中，以吏兵前行，户刑中行，礼工后行耳。从六品）召还汴京。

离开登州前，苏轼听闻登州海市（即海市蜃楼）神奇非常，希冀观而赏之。然而当地人告诉太守，这海市往往只现于春夏间，而初冬之时恐难得见。没想到天意爱才,次日清晨,神奇的海市蜃楼出现了。于是苏轼留下了一首著名的《登州海市》。

> 东方云海空复空,群仙出没空明中。
> 荡摇浮世生万象,岂有贝阙藏珠宫。
> 心知所见皆幻影,敢以耳目烦神工!
> 岁寒水冷天地闭,为我起蛰鞭鱼龙。
> 重楼翠阜出霜晓,异事惊倒百岁翁。
> 人间所得容力取,世外无物谁为雄?
> 率然有请不我拒,信我人厄非天穷。
> 潮阳太守南迁归,喜见石廪堆祝融。
> 自言正直动山鬼,岂知造物哀龙钟。
> 伸眉一笑岂易得,神之报汝亦已丰。
> 斜阳万里孤鸟没,但见碧海磨青铜。
> 新诗绮语亦安用?相与变灭随东风。

东坡也被眼前的景象所震撼,诗情文思顿时有如泉涌。但是他并不像当时的人一般认为海市蜃楼的现象真是仙人的世界偶尔在人世间投影显现。已经接触佛学思想的他认为这只是一种幻相而已。但是他仍然想在离开前观赏到这一奇观,因此他曾在海神广德王之庙里祈祷能够如愿。他写道:在这个岁寒水冷,草木不生的时节里,也不知海中龙王能不能为我鞭醒海中鱼虾蛟龙,展现一副海市奇景给我看呢!

次日的拂晓,霜寒刺骨,然而重重叠叠的海市蜃楼居然出现了,连当地的老人都为此讶异。东坡心情大好,感慨人世间的东西或许是可以凭借毅力而得,但像海市蜃楼这种仿佛世外的东西又有谁能逞雄豪刚愎而一定求得呢?我东坡率然的请求得到了东海龙王的恩许,想到过去的宦海浮沉,也只是自己的命中困厄,而并不是老天在为难我啊!过去韩愈在潮州为官,贬谪生涯结束后在衡山遇上雨水不断的烦扰,他又很想登上石廪、祝融二峰饱览胜景,于是便向山神许愿,一时之间居然云收雨歇,韩退之自称是自己正直之气感动山中鬼神。东坡觉得自己不过是因为老态龙钟(实际上是50岁之龄),而被造物主所怜悯,这才满足了自己要看一看海市蜃楼的心愿。人间能够得到这样伸眉一笑的片刻惬意多么难能可贵啊,神灵对我已经谈得上宠爱非常了。这奇妙的海市蜃楼在斜阳孤鸟的黄昏时分终于散去,只见到碧海青天一片辽阔景象。其实想来我这首新诗写了这几许词句又有何用呢?景与诗,乃至世间万象,都会一起随东风吹过而消散啊。

带着这样一种恬淡的心境,苏轼终于踏上了重回京师的路途。这一年的年末,苏轼抵达汴梁,居无何,又任职起居舍人。起居舍人是负责给皇帝修撰起居注的,所谓起居注就是有关皇帝的日常一言一行,都要记录。因此起居舍人是侍从皇帝的清贵机要之职,非常重要。这标志着苏轼一只脚已经踏进了朝廷的高层。

时间很快到了元祐元年(1086年),神宗的元丰年号已经成为历史。苏轼被赐穿绯袍,戴银鱼袋。(元丰改制后,四品以上官员穿紫色官服;五六品着绯红色官服;七品以下着绿色官袍。鱼袋乃是腰带上高级官员出入宫廷的凭证,是身份的重要象征。)东坡的亲友还没为此高兴多久,苏轼又升官了。

这一年三月,诏令苏轼升任中书舍人(相当于四品)。这一职位通常负责为政事堂起草诏令,已经属于与闻枢机大政的中央要员了。半年后,荣宠再临,苏轼升任翰林学士知制诰(正三品)。翰林学士与中书舍人在宋朝并称"两制",均为起草朝廷重要诏令的官职,翰林学士地位犹在中书舍人之上,许多宰相皆由翰林学士而青云直上。因此这一职位也历来视作"储相"之职。成为翰林学士,标志苏轼正式成为了宋朝大政决策圈的一分子。穿上紫色官袍,戴上金鱼袋,东坡已是中央大员矣!

乌台诗案以来的贬谪生涯已经结束,阴霾萧瑟都已烟消云散,苏轼进入了人生中最辉煌的时期。当此时,已经正式拜相的司马光(尚书左仆射兼门下侍郎)因病逝世,吕公著独自为相,不久之后以尚书左丞吕大防为中书侍郎,(元丰改制后之副宰相,若带尚书右仆射而兼任,则为宰相。元丰改制后的中央官职中,以中书侍郎、门下侍郎、尚书左丞、尚书右丞为副相。)而早在这一年的二月,首相蔡确已经被旧党连章弹劾,因而罢为观文殿学士、知陈州;同年闰二月晚些时候正议大夫(本官从三品)、知枢密院事章惇也被贬知汝州。

元祐元年六月,在左司谏王岩叟、左正言朱光庭、右司谏苏辙、右正言王觌以及御史中丞刘挚、殿中侍御史林旦、监察御史韩川先后累章弹劾吕惠卿的情况下,苏轼当笔撰写了贬斥吕惠卿的制词,于中亦可见东坡快意恩仇的个性和文辞之犀利。今附如下。

《吕惠卿责授建宁军节度副使本州安置不得签书公事》:

元凶在位,民不奠居;司寇失刑,士有异论。稍正滔天之罪,永为垂世之规。具官吕惠卿,以斗筲(shāo)之才,挟穿窬(yú)之智。诡事宰辅,同升庙堂。乐祸而贪功,好兵而喜杀。以聚敛为仁义,以法律为诗书。首建青苗,次行助役。均输之政,自同商贾;手实之祸,下及鸡豚。苟可蠹国以害民,率皆攘臂而称首。先皇帝求贤若不及,从善如转圜。始以帝尧之心,姑试伯鲧;终焉孔子之圣,不信宰予。发其宿奸,谪之辅郡;尚疑改过,稍畀(bì)重权。复陈罔上之言,继有砀(dàng)山之贬。反复教戒,恶心不悛(quān);躁轻矫诬,德音犹在。始与知己,共为欺君。喜则摩足以相欢,怒则反目以相噬。连起大狱,发其私书。党与交攻,几半天下。奸赃狼藉,横被江东。至其复用之年,始倡西戎之隙。妄出新意,变乱旧章。力引狂生之谋,驯致永乐之祸。兴言及此,流涕何追!迨予践祚之初,首发安边之诏。假我号令,成汝诈谋。不图涣汗之文,止为欵贼之具。迷国不道,从古罕闻。尚宽两观之诛,薄示三危之窜。国有常典,朕不敢私。可。

大意是说,朝廷里元凶巨憝如果窃居高位,那么老百姓就没办法安居乐业;大司寇刑部尚书不察,则士林间不满之声日夜可闻。应当要稍正以滔天之罪,永为后世之规矩章法。具官吕惠卿者,凭借自己浅薄气短之才,挟穿穴逾墙之智,谄媚阿附宰辅(影射王安石),同登政事堂东府之尊。乐祸贪功,好兵喜杀。他以聚敛之术托名仁义治国,以严刑峻法代替诗书礼乐。首推青苗,后行助役之法。均输乱政,令朝廷几同商贾之求利;手实恶法,使民间几祸及鸡豚之不宁。只要是能祸国殃民的政策,吕惠卿都捋起袖子、伸出手臂奋力向前,不甘人后。先帝求贤若渴,只恐不及,因此常有顺易转圜之听。以古而论,初有帝尧仁心,姑且试用伯鲧前车之鉴;终虽孔子圣贤,而有不信宰予可为后事之师。先帝明察吕惠卿过往之奸恶,只谪于畿辅近邦(指王安石复相,出吕惠卿知陈州事),考虑到其已改过,又稍给予方面重权(指熙宁十年二月除吕惠卿资政殿学士知延州、鄜延路经略使,即为与西夏接壤的帅臣)。后来二次镇鄜延而帅边,又陈欺君罔上之谬言,继而有砀山之贬(指元丰五年十月于帅臣任上斥知单州)。先帝对他反复教导劝诫,然而吕惠卿放纵奸恶之心,不知悔改;于帅臣任上屡屡假托君命,轻举妄动,不顾陛下仁德之言。吕惠卿此人,初于中央,结党营私,共为欺君罔上之事。有共同利益时与同党(影射王安石、邓绾等人)欢喜无间;利益起冲突了就愤怒无行,反目成仇,互相攻讦弹劾。他曾屡兴大狱,祸害朝野,排除异己;甚至拿出王安石给他的私人信笺(此指苏辙在弹劾中所称的王安石于信中有"无使齐年知""无使上知"之语。齐年谓参知政事冯京,上即指神宗。按邓广铭先生已引《续长编》中陆佃之记录,知实无此事,乃旧党当时众口一词之编造)。吕惠卿党同伐异,祸乱朝纲。其奸赃狼藉,贪婪无耻,恶行横行于江东(大约指其弟强借华亭县富民钱买田事)。等到他复为方面重臣,轻挑边衅,与西夏戎狄大动干戈(详文意当指元丰五年八月吕惠卿二次镇西北事)。他在西北妄出新意,变乱旧有制度,折腾番汉合一等军制,初则力引荐狂妄无知者之谋(或指元丰四年神宗用环庆经略使俞充、鄜延总管种谔等建议五路伐夏而惨败事),又逐渐导致元丰五年永乐城番汉将官数以百计殒命、官兵民夫数以十万计阵亡的惨烈之祸。告谕至此,即便先帝流涕,朕亦垂泪,又如何追悔!等到朕即位之初,首发绥靖安边的诏令。尔却假朕名义,妄图成汝奸谋而邀功。(指元丰八年四月,"哲宗即位,敕疆吏勿侵扰外界。惠卿遣步骑二万袭夏人于聚星泊,斩首六百级,夏人遂寇鄜延"事。)吕惠卿不遵从圣意,只知道妄自用兵,反予西贼便宜。他祸乱朝野,奸猾无道,可谓古今罕闻。尚且宽恕你本所应受的严刑,略加惩处。国有常行不忒的法典,朕不敢有所私枉。可。

这份制词写得刀光剑影,杀气毕露,读来真令人酣畅淋漓,足可想见苏轼和旧党对吕惠卿的怨仇之深。但实际上客观来看,首先其中"发其私书"为子虚乌有,是旧党之构陷;甚至其中所说的"永乐之祸",也是属于将责任甩在了当时不应该负责的吕惠卿身上。因为永乐城陷落,前线将官徐禧、李舜举等战死且官兵民夫死伤无数而致神宗皇帝于宰辅面前泪下一事,乃在元丰五年九月。这之后才调资政殿学士、知太原府吕惠卿知延州兼鄜延路经略使,也就是说,永乐城战败,宋军伤亡惨重的责任应当不在吕惠卿身上。

据宋人陈长方《步里客谈》卷上所云:

> 元祐中,东坡行吕吉甫责词,叙神考初用而中弃之曰:"先皇帝求贤如不及,从善若转圜。始以帝尧之聪,姑试伯鲧,终焉孔子之圣,不信宰予。"又曰:"喜则摩足以相欢,怒则反目以相视。"既而语人云:"三十年作剑子,今日方剐得一个有肉汉。"

"剑子"疑是东坡幽默之戏谑。因"剑"字与"刹"(zhá)、"劄"(zhá)形近,而如此称之。刹子、劄子即是宋代官员所写之札子,乃奏疏一类也。三十年当指东坡嘉祐二年进士及第至元祐元年,恰三十年。故这句话的意思是,做官三十年,操生杀大权(写了三十年札子),今天才剐了一个有点分量的人啊!若此材料属实,东坡得意洋洋的神态不免跃然纸上矣。

吕惠卿亦是不甘沉默的,他在《建宁军节度副使谢表》里说了这么一句:"龙鳞凤翼,固绝望于攀援;虫臂鼠肝,一冥心于造化。"时人王铚《四六话》云:元祐初,子由作右司谏,论吉甫之罪,莫非蠹国残民,至比之吕布……而子瞻作中书舍人,行谪词又剧口诋之,号为元凶。吉甫既至建州,谢表末曰:"龙鳞凤翼,固绝望于攀援;虫臂鼠肝,一冥心于造化。"以子瞻兄弟与我所争者虫臂鼠肝而已。子瞻见此表于邸报,笑曰:"福建子难容,终会作文字。"吕惠卿的文字确实亦是极好的。龙鳞凤翼典出《后汉书》光武帝本纪,意思是说辅佐陛下于左右,近侍以备顾问这样的光耀,罪臣已经不敢幻想了。虫臂鼠肝者,出于《庄子》"大宗师"篇,谓阴阳造化,人难抗拒,不如受而喜之,顺其自然。虫臂鼠肝又喻极微小不堪之事物,故即是说,吕惠卿和二苏的仇怨斗争,不过是芥子微末之小事,毫不值得在意。详玩吕惠卿文字意思,这哪里是息事宁人,完全是暗含讥讽。难怪苏轼在邸报上看到后也笑叹不已。

综上来看,苏轼的制词如战鼓轰鸣,车骑并进,直令新党读之可谓惊骇不已,旧党读罢如浮一大白。但东坡人生大得意的此时一定不会料到,过于夸大和泄愤的制词,有朝一日,就如吕惠卿所丢的"场面话"暗示的那样,还将给他带来麻烦。

除了对政敌如此,对友人章惇,东坡元祐元年的态度亦值得玩味。此年十一月,已罢知枢密院事而贬知汝州的章惇改提举杭州洞霄宫,也就是连知州都做不成了,任了个宫观使的闲职,完全靠边站了。十二月二十七日,苏轼写信给他,此即有名的《归安丘园贴》:

轼启。前日少致区区,重烦诲答,且审台侯康胜,感慰兼及。归安丘园,早岁共有此意,公独先获其渐,岂胜企羡。但恐世缘已深,未知果脱否耳?无缘一见,少道宿昔为恨。人还,布谢不宣。轼顿首再拜子厚宫使正议兄执事。十二月廿七日。

信中语言看似通篇场面话,安慰了一下自己的老朋友,乍看并无问题。而细细读来,有两句尤为值得注意。一是"归安丘园,早岁共有此意,公独先获其渐,岂胜企羡",这是说子厚兄你好修道参玄,想要归隐山水田园之间,这种念头早年我们都有啊。现在你独自先走一步,我何止是企盼仰慕啊!这些话纸面上来说确实是宽慰章惇,让他好远离东京的纷争,侍养老父,悠游林下。可首先苏轼自己如今贵为翰林学士知制诰,乃两制高官,帘眷正隆;而章惇则从宰辅级别的西府执政被罢为宫观闲职——且甚至,这弹劾章惇的奏疏还是苏辙所上,而东坡却并未出言相救。这样一看,这句话就有点不厚道和占了便宜还卖乖的嫌疑了。何况章惇从本质上来说是一个胸中有文韬武略,想要治国平天下的文人士大夫,如今新法被废,己身遭贬,怎么会一点想法都没有?以他的性格,读到这句话,难道会觉得大受安慰吗?后面还有一句"但恐世缘已深,未知果脱否耳",这是说只是恐怕子厚兄入世太深,不知是否果真能脱离红尘烦恼。结合熙宁元丰年间新旧党争,旧党连遭贬黜而新党各据要路之津的恩怨,再加之章惇自身睚眦必报的性格,那这句话就颇值得深思一下了。诚然,从东坡的角度来看,是对朋友的关心,在提醒他,子厚你过去与多少旧党大臣结怨,如今在地方上可千万要谨言慎行,否则只怕朝野之身,且受窜逐。但若从章惇的角度去读这封信,结合自己此时的失意、旧党的威势滔天,他如果过度理解了苏轼的劝诫之语,那么东坡话里的暗示就完全变了味:子厚兄啊,你得罪过多少旧党大臣,不用多说了吧,你要逃过一连串的打击报复,只怕很难啊,所以还是要在地方上老实点!千万管好自己的方方面面,好好反省!如若理解成了像这样的意思,那章惇对这种仿佛高高在上的训诫、垂怜非但不会感激,甚至极可能要怀恨在

八、汴梁烟云 | 153

心的。

据《续资治通鉴长编》卷三百九十中章惇之子章持上疏云：又缘臣父在汝州，近因行气间风倒门扇，惊致左右手足麻痹，在假不领州事。则我们可知，章惇被贬知汝州后，似心灰意冷，一日修道，打坐吐纳时因大风吹倒屋内门扇，居然令身长八尺，人高马大的章子厚左右手足麻痹，看症状似乎是风痹或者小中风之类。或许章持为父说情，有所夸大之辞，但亦足可想见，此番罢免执政，政治抱负无从施展，对到了"知天命"年龄的章惇来说，精神上还是有相当程度的打击的。因此苏轼这封信里的话语，若说令章惇读来觉得刺眼郁结，也就不足为奇了。只是令东坡也没能预料的是，子厚的官路其实还没到头呢，而他位极人臣的那一天，东坡的人生才将再次迎来惊涛骇浪。

但毕竟此时，苏轼作为旧党的一分子，处于一个完全与熙宁、元丰时期不同的政治氛围中，他走上了一条令无数人羡慕嫉妒的青云之路。在司马光还活着的时候，新法已经几乎尽数被废除，元祐元年四月时王安石也已辞世，而新党的主要执政大臣先后被贬出中央。另一方面，他的弟弟苏辙也回到朝廷中担任起居郎、中书舍人等清贵之职，两兄弟终于能够团聚在一起。

在旧党当政，新党尽数被黜的政治环境里，按惯例来说，苏轼极有可能从翰林学士的职位上历练几年之后入政事堂拜相。更何况，当时苏东坡的文名之盛，非但大宋境内无人不知，甚至连辽国契丹人和西夏党项人都争相拜读苏学士诗词文章，以为一风雅事。在大家看来，东坡入政事堂，也只是个时间问题。然而，事情的发展远没有如此顺利。

问题的根源仍然出在东坡狷（juàn）直又好言的性格上。如司马光为宰相时，苏轼便与他就免役法一事展开过激烈的争论。他以自己知密州时期施行免役法的情况为例,说:"及用宽剩钱买民田,以募役人,大略如边郡弓箭手。臣知密州,亲行其法,先募弓手,民甚便之。"因此在地方上深刻体会到免役法多有便民之处的他坚持认为不能一股脑儿废除此法,而当时与当朝宰相争论不休的苏轼还只是朝奉郎、礼部郎中的身份。

据一些笔记来看,苏轼甚至在禁中屡次戏谑司马相公。如《五杂组》卷十六:

东坡与温公论事,公之论,坡偶不合,坡曰:"相公此论,故为鳖厮踢。"温公不解其意,曰:"鳖安能厮踢?"坡曰:"是之谓鳖厮踢。"

有次苏轼和司马光论事意见不合,东坡便说:"相公你这看法,是故意做鳖厮踢啊。"司马温公自然想不通了,这鳖即是王八,遇到危险又不是马牛鹿一类,怎么会踢来踢去呢,便问缘故。东坡说:"(正是子虚乌有,)这才称之为鳖厮踢呢。"言下之意便是,你司马光不顾客观情况,要一股儿脑废除新法,也是在劳民乱政,属于瞎折腾啊。

又据蔡京子蔡绦所撰《铁围山丛谈》卷三:

东坡公元祐时既登禁林,以高才狎侮诸公卿,率有标目殆徧(biàn)(同"遍")也,独于司马温公不敢有所重轻。一日相与共论免役差役利害,偶不合同。及归舍,方卸巾弛带,乃连呼曰:"司马牛!司马牛!"

这则材料是说苏轼元祐初年已经荣登禁林之选,成为翰林学士,就凭着自己的性子和高才总是戏弄调笑诸多公卿士大夫,几乎一盖给他们取了绰号。只是对于宰相司马温公,苏轼还有点知道分寸,不敢戏谑得太过分。有一日一同讨论免役法和过去差役法的利弊,两人意见相左。等到苏轼回到家中,才气得摘下头巾,扔掉玉带,连声高呼:"司马光这头犟牛!司马光这头犟牛!"

苏轼可谓是个自带段子效果的大人物,据说他给温国公宰相司马光取的绰号"司马牛"居然不胫而走,成了都下无人不知的趣事。这自然会招致司马光门下党羽的不满,既然你苏学士对老相公都可以这般戏狎,若你入了政事堂,岂不是我等都要受你当面折辱,还得弯腰赔笑!苏轼起初并不知晓,一张张来自同僚公卿的网正在他周围悄悄布置。

说回争论的焦点,免役法的问题,实际上不仅仅是苏轼反对废除免役法,西府的执政,知枢密院事章惇甚至曾在高太皇太后的帘幕前和司马光争得面红耳赤,并且在奏章里指出司马光前后自相矛盾和观点幼稚之处,然而这一切都没有起到作用。在司马光去世前,新法都已经被陆续废除。

苏轼在旧党当政,自身又被视为旧党的情况下,公然为免役法摇旗呐喊,加之其后来荣升禁林,位居学士内制之尊,许多司马光的亲信都对其颇为反感和嫉妒。更要命的是,不仅仅是司马君实的亲信如刘挚、刘安世不喜苏东坡,另一拨籍贯河南的所谓"洛党"更是对苏轼咬牙切齿。

据史料来看,其中一个重要的起因竟然还是因为苏轼嘴巴上不饶人。

《续资治通鉴长编》卷三九三,"元祐元年十二月"载:

> 明堂降赦,臣僚称贺讫,两省官欲往奠司马光。是时,程颐言曰:"子于是日哭则不歌,岂可贺赦才了,却往吊丧?"坐客有难之曰:"孔子言哭则不歌,即不言歌则不哭。今已贺赦了却往吊丧,于礼无害。"苏轼遂戏程颐云:"此乃枉死市叔孙通所制礼也。"众皆大笑。其结怨之端,盖自此始。

又《二程外书》卷十一记载:

> 温公薨,朝廷命伊川先生主其丧事。是日也,祀明堂礼成,而二苏往哭温公,道遇朱公掞(yàn)(即朱光庭),问之,公掞曰:往哭温公,而程先生以为庆吊不同日。二苏怅然而反,曰:鏖糟陂里叔孙通也。自是时时谑伊川。

两处记载实际上说的是一件事情,只有细节稍有不同。第一处是说,当时群臣参与明堂祭祀典礼,神宗皇帝的灵位被安放入大宋太庙,同时朝廷因此下减罪或赦免的恩旨,百官们称贺礼毕。此前司马光于九月初辞世,于是朝廷的高级官员们准备前往首相的府邸吊唁。这个时候,崇政殿说书(从七品,负责教导年幼的哲宗)程颐制止群臣道:"论语里说'子于是日哭则不歌',怎么可以贺赦之礼刚结束,就去吊丧呢?"有一位大臣驳难说:"孔子说的是吊唁哭丧之后不做贺礼之事,如歌唱,可并没有说先做了贺礼歌唱等事就不能去吊唁哭丧啊!因此现在贺赦之礼结束,而我等去吊唁司马温公,并不违反礼法!"苏轼见到这一幕，又情不自禁地去火上浇油，戏弄程颐说："哎哟，这可真是枉死市里叔孙通所制定的礼法规矩啊。"群臣们听了都忍俊不禁地哈哈大笑起来，只有程颐和他的支持者们无比尴尬。蜀党、洛党结怨的开端，就是从这件事而起。

叔孙通是秦末汉初时人。他帮助汉高祖刘邦制定朝廷礼仪，在司马迁等人的口中得到极高的评价，当时儒生甚至称其为圣人。至唐代，如李白等人亦深许之，如其有诗"君非叔孙通，与我本殊伦"。然而到了宋代，对叔孙通的评价几乎是一边倒的认为此人媚俗无耻，徒有虚名，并不是真正的大儒。原因何在呢？原来叔孙通此人十分圆滑，在秦二世胡亥的朝廷里任待诏博士时，皇帝胡亥问及陈胜吴广造反一事，三十余名博士和儒生都说人臣和子民不可造反，愿陛下发兵讨灭！实际上胡亥完全是个鸵鸟心理的人，他只想做个享乐皇帝，根本不想听到这种话，当下就脸色大变。叔孙通立刻见风使舵，说刚才的博士们都在胡说。现在秦统万邦，天下合为一家，连兵器都已经被收缴起来铸成了十二金人，何况陛下圣君在上，秦法尽善尽美于下，怎么会有人造反呢？只是些鸡鸣狗盗的小偷小摸之辈，让地方官吏抓一下就得了！二世胡亥大喜，厚赏叔孙通，把那些说有人造反的博士儒生统统关起来了。这之后叔孙通又跑去投靠当时风头正盛的项梁；定陶之役后又投靠了怀王；后又转投霸王项羽；彭城被刘邦率诸侯联军占领时又投降了汉王刘邦。刘邦晚年想改立戚夫人的儿子赵王如意为太子时，他又窥知吕后不可忤逆，极力劝谏不可废长立幼而出大乱，说过去"晋献公以骊姬之故废太子，立奚齐，晋国乱者数十年，为天下笑。秦以不蚤定扶苏，令赵高得以诈立胡亥，自使灭祀，此陛下所亲见"。

综上所述，叔孙通是个八面玲珑的聪明人，深得圆滑变通之道，所以一路官运亨通，靠山倒台了自己也没有跟着倒霉。所以苏轼嘲讽程颐"此乃枉死市叔孙通所制礼也"的意思是说，你程颐比圆滑的叔孙通还远远不如，人家能侍奉那么多主公而荣宠终身、平安无事，你就好比那种顽固不化的蠢人，是阴间枉死城里的冒牌叔孙通啊，还在那边喋喋不休说古礼。

第二处是说，温国公司马光逝世，朝廷诏命程颐主持其丧事。当天，明堂祭祀典礼结束，苏轼、苏辙两兄弟参加完这边的仪式后就跑去吊唁司马温公。二苏在路上遇到谏官朱光庭，二苏问他什么事，朱光庭回答说："二位去吊唁司马温公一事恐怕不妥。程先生认为依据古礼，庆贺与吊唁不可同日。"苏轼、苏辙两兄弟顿感怅然不快，说了句"真是鏖糟陂里叔孙通"才转身返回。

据宋人吕希哲《吕氏杂说》所记载，汴京城西南十五里有一地方，名曰鏖糟陂。约即今语脏泥地的意思。所以在程氏自己的记载中，苏轼骂了程颐一句，说他是脏泥地里的冒牌叔孙通，食古不化，不知变通，大约就和说其为山野村夫，毫无大智慧是一个意思。

从两则史料来看，苏轼这完全是把程颐和他洛学的门人都往死里得罪了。程颐虽然自身官职不高，但多年来著书立说，开宗立派，讲学授徒，官僚士大夫中有一大批其学说的信徒和追随者，这些人都被称为洛党。程颐处处以圣人的道德标准要求自己，苏轼很是看他不惯，后来甚至曾上章弹劾他，说："臣素疾程颐之奸，未尝假以辞色"。

《二程外书》卷十一中又云：

> 他日国忌，祷于相国寺，伊川令供素馔，子瞻诘之曰："正叔

八、汴梁烟云 159

(程颐)不好佛,胡为食素?"正叔曰:"礼,居丧不饮酒食肉,忌日,丧之余也。"子瞻令具肉食,曰:"为刘氏者左袒。"于是范淳夫辈食素,秦、黄辈食肉。

这是说,有一次国朝忌日,士大夫们都在东京大相国寺参加相关祭祀活动。程颐负责具体事宜,便下令安排素食给大臣们吃。苏轼大概是无肉不欢的,况且这苦差事又弄了半天了,居然不让人吃肉,就诘问说:"正叔你不喜欢佛法,叫大家都吃素这是干吗?"程颐一本正经板着面孔说:"这是礼法的规定。居丧期间不能喝酒吃肉。忌日,这是属于居丧礼仪的一种延伸,自然也要遵循这一条规矩。"苏轼心里大约又是鄙夷程颐的古板,仗着自己官比程颐大得多,便令办事的小吏给大臣们准备肉食。这还不算完,他又想到了一个戏弄程颐的好办法。苏轼哈哈一笑,对在场的臣僚们大声说:"为刘氏者左袒。"这话简直就是"爱我的请举左手"之翻版了。

这句话出自周勃之口。当时周勃、陈平在吕后驾崩之际谋划铲除诸吕,入北军军营大喊"为吕氏右袒,为刘氏左袒",意思是效忠刘氏的将士们,请你们露出左臂,如果要跟着反动派吕氏,你们就露右臂吧!结果士兵们都露出左臂表示效忠刘氏。苏轼在大相国寺的这句玩笑话,就颇值得玩味了,似乎把程颐比作了作乱的诸吕,而自己倒是平乱的周勃、陈平。这也就难怪程颐和其信徒们要咬牙切齿了。苏轼的这张嘴在骂人时太臭了。

在这样一种缘由下,洛党之人开始伺机打击报复苏轼。

这一年的十一月,翰林学士苏轼主持元祐元年的进士馆职考试,并且负责其中一部分的出题任务。程颐的忠实追随者朱光庭吹毛求疵地抓住东坡出题中的细节，上纲上线，给苏轼扣了个"谤讪先朝"的大罪。

> 左司谏朱光庭言："学士院试馆职策题云：'欲师仁祖之忠厚，而患百官有司不举其职，或至于媮(tōu)；欲法神考之励精，而恐监司守令不识其意，流入于刻。'又称：'汉文宽大长者，不闻有怠废不举之病；宣帝综核名实，不闻有督察过甚之失。'臣以谓仁祖之深仁厚德，如天之为大，汉文不足以过也；神考之雄才大略，如神之不测，宣帝不足以过也。后之为人臣者，惟当盛扬其先烈，不当更置之议论也。今来学士院考试不识大体，以仁祖难名之盛德、神考有为之善志，反以媮刻为议论，独称汉文、宣帝之全美，以谓仁祖、神考不足以师法，不忠莫大焉。伏望圣慈察臣之言，特奋睿断，正考试官之罪，以戒人臣之不忠者。"策题，苏轼文也，诏特放罪。(《续资治通鉴》卷三百九十三元祐元年》)

朱光庭的意思是说，苏轼出的题目里，"欲师仁祖之忠厚，而患百官有司不举其职，或至于媮；欲法神考之励精，而恐监司守令不识其意，流入于刻。"这一题是讽刺谤讪宋仁宗和宋神宗。这一题的意思是想要学习仁宗皇帝的宽厚，则担忧官员和有关部门不可各司其职，尽心办事，而至于偷惰苟且的局面；想要效法神宗皇帝的励精图治，则唯恐各级地方官不能识悟朝廷的良法美意，而流于苛刻之政。又说"汉文宽大长者，不闻有怠废不举之病；宣帝综核名实，不闻有督察过甚之失。"这一题是褒奖汉文帝、汉宣帝而贬低国朝的仁宗、神宗二帝。这一题的意思是说，汉文帝是位宽厚长者，但是却并没有听说他有荒怠废政而导致国事不利之弊病;汉宣帝考核官吏施政情况,赏罚分明,但没有听闻他有督察御下过于严苛的问题。因此朱光庭弹劾苏轼,说仁宗皇帝深厚无比的仁德犹如天地之广大,汉文帝怎么能超过呢?神宗皇帝的雄才大略,如神灵一般人所不能测知,汉宣帝又怎么能比呢?后世的为人臣子者,只应当好好宣扬仁宗、神宗的伟大,不当胡乱议论。现在学士院的考试不识大体,把仁宗皇帝难以说尽的盛大仁德、神宗皇帝发奋有为的雄心壮志,反说成是导致官员们偷惰或苛政的原因,而独独称赞汉文帝、汉宣帝所谓的尽善尽美,把仁宗、神宗的伟大功业说成不足效法和学习,这是莫大的不忠啊!伏望圣慈的太皇太后陛下体察臣的意见,以如天之睿智裁决判断,以正考试官的罪过,用来警戒以后那种不忠之大臣!

然而太皇太后非常欣赏苏轼,她虽然是一介女流也知道这不过是洛党的门生在那里酸腐胡诌,于是诏令"放罪"。所谓放罪,即是赦免开释的意思。等于是赦免苏轼在出题时候的不恭之罪。

这下苏轼不干了。自己明明没有错,更没有罪过,怎么诏令里能说放罪呢!苏轼立刻反击,在上书中说,"若有毫发讽议先朝,则臣死有余罪。伏愿少回天日之照,使臣孤忠不为众口所铄。"意思是说,如果我苏轼在策问的题目里有一丝一毫谤讪、讽刺先朝的意思,那么臣死有余辜。伏愿太皇太后稍稍收回之前的放罪之诏令,让臣的忠贞之名不被众人闲言碎语所毁。——于是,"诏追回放罪指挥"。也就是说,很快朝廷又下诏令,追回了放罪的诏令。

御史中丞傅尧俞、侍御史王岩叟等都群起而攻之,说朝廷命令反复,是非颠倒,请求正苏轼之罪。太皇太后很维护苏轼,诏:"傅尧俞、王岩叟、朱光庭累弹奏苏轼撰试馆职策题不当,详览文意,乃是指今日百官有司、监司、守令言之，非是讥讽祖宗。可召至都堂说谕，不须更有弹奏。"意思是说，这三人连章弹劾苏轼所撰馆职策问题目不当，但是朝廷详考文意，是针对现在京官和地方监司、知州、县令等而言，不是讥讽祖宗。如果还有意见，可以到都堂说个明白，不须再上章弹劾。

凭借着高太皇太后的帘眷，加之苏轼在台谏中的友人，至次年八月，倒是程颐及其门生贾易给贬谪出外了。

据《续资治通鉴长编》卷四百四元祐二年条所载：八月辛巳，朝奉郎、右司谏贾易知怀州；通直郎、崇政殿说书程颐罢经筵，权同管勾西京国子监。

贾易之出外，《长编》云：自苏轼以策题事为台谏官所言，而言者多与程颐善。轼、颐既交恶，其党迭相攻，易独建言请并逐二人，又言："吕陶党助轼兄弟，而文彦博实主之。"语侵彦博及范纯仁。太皇太后怒，欲峻责易。吕公著言："易所言颇切直，惟诋大臣为太甚，第不可复处谏列耳。"

如前所言，由于程颐门人洛党台谏官员弹劾苏轼策题谤讪仁庙与裕陵，导致程颐、苏轼门下洛蜀两党官员纷争不已。贾易此时居然建言，请求并逐二人。贾易者，史书多云程颐门生，则此时作大公无私状，要求同时贬谪程颐和东坡，或许乃是得了程颐的指挥，要让他扮演不偏不党的铁面言官形象，好继续在台谏中占有阵地。甚至这一招乃是以退为进，彰显自己在朝中无党（就如苏轼此时期也是屡屡自请补外，不过是给太皇太后留中了）。不过观史料中程颐言行，亦不排除这是奸猾小人贾易哄骗了他的可能。不难看出，洛党的政治智慧和政争手段实际上是比较笨拙的。贾易因为弹劾吕陶党附苏轼兄弟，居然还连带着牵涉元老重臣文彦博和宰相范纯仁，这就犯了打击面太广的毛病，以为自

八、汴梁烟云　163

己拉着虎皮唱大戏,殊不知正犯了太皇太后的忌讳。于是弄巧成拙,贾易没保住言官这样能争夺、控制士林舆论的重要位置,反给贬谪出知怀州去了。

程颐之出外,从《长编》的记载来看,乃是苏轼好友左谏议大夫孔文仲之力。他弹劾程颐其实在圣贤之学上"全无发明",惯穿凿附会,泛滥援引,"借无根之语,以摇撼圣听;推难考之迹,以眩惑渊虑",意思是程颐在哲宗皇帝面前装大宗师,蛊惑圣聪,招摇撞骗。例如皇帝年幼,明明还没有沉迷女色,也还未亲政进用官员,程颐居然"常启以无近酒色""常开以勿用小人",不说旁人同僚,单说哲宗自己,能不嫌程颐啰唆说教吗?孔文仲又说,程颐常在陛下面前以圣贤自居,妄自尊大,倡言"虽使孔子复生,为陛下陈说,不过如此"。孔文仲甚至把程颐比作唐顺宗时期所谓"永贞之乱"里的王伾、王叔文等人,危言耸听地扯到唐文宗时宦官翻盘,屠戮文官的甘露之祸。几乎将"大奸大恶"4个字贴程颐脑门上了。孔文仲又弹劾程颐奔走权贵之门,屡屡造访台谏,企图遥控御史、言官,以他的意志来论事劾人,且已有党羽朱光庭、杜纯、贾易等。不仅如此,还自己跟前,意图让孔文仲按照他的意思,攻讦吕陶,帮助贾易留在台谏系统……总之,"颐乃鼓腾利口,间谍群臣,使之相争斗于下。纷纷扰扰,无有定日,如是者弥年矣。"因此孔文仲请求"论正颐罪,傥未诛戮,且当放还田里,以示典刑"。

程颐自身也确实不谙高层的政治生态。一次哲宗皇帝发疮疹,已多日不临朝听政。程颐这不过七品的官职,居然当着宰辅大臣,指责说:"二圣临朝,上不御殿,太皇太后不当独坐。且上疾而宰相不知,可为寒心。"一句话既抨击了太皇太后不能独自临朝,又质问宰相不关心皇帝圣体安康——这就等于是把太皇太后和宰臣们都给得罪了。是以不仅孔文仲弹劾他,御史中丞胡宗愈也认为程颐"不宜使在朝廷"。因此程颐就被灰溜溜地赶到洛阳去做西京国子监"副校长"了,和原先"帝师"身份常得接近皇帝的官位比,不啻天差地别。

然而苏轼的胜利亦只是暂时的。因为不仅是苏轼,实际上苏辙也喜好弹劾他人,这就又得罪了一批人。于是在此后的几年中,始终有着一大批官员弹劾二苏,厌倦了党争的苏轼屡屡上章请求去外郡为官。太皇太后一直欣赏苏轼之才,以故不许。东坡只得一方面与黄庭坚、张耒、晁补之等人诗词唱和排遣烦闷;另一方面一再请求补外出京,以求安静。终于,在元祐四年三月,以龙图阁学士充浙西路兵马钤辖知杭州军州事的身份,获准离开汴京,这一段汴梁岁月就将告一段落了。

新诗绮语亦安用
相与变灭随东风

九
党争阴霾

东坡刚刚在元祐四年（1089年）三月获准以龙图阁学士知杭州，还未及动身离开汴京，大宋首都就开始笼罩在一片波谲云诡的党争阴云之中。那时的他，想必不曾料到这次的事件又将对今后的他影响甚大，甚至几乎可以说决定了他晚年的境遇。

前首相蔡确当时正以观文殿学士知邓州。蔡确早年受王安石提拔，在王韶熙河开边的时候巧妙地迎合介甫相公维护王韶的需要，从而开始逐步在新党中崭露头角。后来窥知神宗与王安石逐渐产生裂痕，又上疏弹劾宰相王安石骑马入宣德门和值班卫士起冲突，有失大臣体统，以彰显自己忠直耿介。其后三司使沈括和宰相吴充讨论免役法事宜，蔡确又劾沈括见朝廷法令之利弊，不正大光明公开讨论而私底下和执政大臣密会，这是看王安石罢相，他想动摇陛下的新法，致令沈括因此贬官出外，知宣州。此后他一路高升，由知制诰而御史中丞，乃至参知政事，但是其中大多都是因弹劾大臣而获升迁，因此厌恶他的大臣不计其数，多暗中恨之入骨。

蔡确在元丰五年（1082年）拜为尚书右仆射兼中书侍郎，即次相。当时王珪为首相，然而蔡确作为当时的新党旗帜，在神宗皇帝有意支持下实际上掌控了大权。元祐初年拜为左仆射兼门下侍郎,成为了首相,但很快因为旧党连章弹劾,加之要给司马光让路而被罢相,以观文殿学士出知陈州。此后又因其弟蔡硕贪墨不法之事,徙知安州、邓州。

到了元祐四年(1089年),旧党开始酝酿一场大案,准备给予已经失势的新党以致命的沉重打击。

当时,知汉阳军吴处厚从蔡确贬官出外时写的几首诗里抓出毛病,在弹章里详尽剖析,宣称蔡确罪大恶极,谤讪太皇太后,怨怼朝廷,心怀不轨之谋。

原来,蔡确在知安州时曾经写下十首七绝,皆为游车盖亭所作。其中两首被吴处厚大加发挥。一首是:"矫矫名臣郝甑(zèng)山,忠言直节上元间。钓台芜没知何处?叹息思公俯碧湾。"另一首是:"喧豗(huī)六月浩无津,行见沙洲束两濒。如带溪流何足道,沈沈(chén)沧海会扬尘。"

郝甑山者,唐郝处俊也。高宗上元年间以病弱,曾欲逊位武后。郝处俊进谏说:"天下者,高祖、太宗之天下,非陛下之天下,正应谨守宗庙,传之子孙,不宜持国与人,以丧厥家。"因此武则天后来对郝处俊一家恨得咬牙切齿。吴处厚说蔡确用这个典故是大逆不道,等于说把圣明慈爱的高太皇太后比作了谋朝篡位、窃夺皇位的武则天啊!

他又说,"沈沈沧海会扬尘"是用了葛洪《神仙传》里的典故,多是写沧海桑田,时运大变之意,根本不是寻常为人臣子敢用之语句,恐怕是心怀叵测。

之后左谏议大夫梁焘、右正言刘安世等官员先后以此弹劾蔡确诗涉讥讪,说他"人神之所共怒,覆载之所不容",宜早正典刑,不可宽宥。

在这样一种墙倒众人推的情况下,被视为旧党一员的苏轼却以自己身为公卿大臣的良知,上书为新党曾经的首相蔡确说情。

苏轼说:

> 臣近蒙圣恩,哀臣疾病,特许补外。臣窃自维受恩深重,不敢以出入之故,便同众人,有所闻见而不尽言。窃闻臣僚有缴进蔡确诗,言涉谤讟(dú)(怨恨、诽谤)者。臣与确元非知旧,实自恶其为人,今来非敢为确开说,但以此事所系国体至重,天下观望二圣所为,若行遣失当,所损不小。臣为侍从,合具论奏。若朝廷薄确之罪,则天下必谓皇帝陛下见人毁谤圣母,不加忿嫉,其于孝治,所害不浅;若深罪之,则议者亦或以谓太皇太后陛下圣量宽大,与天地等,而不能容受一小人怨谤之言,亦于仁政不为无累。臣欲望皇帝陛下降敕,令有司置狱,追确根勘,然后太皇太后内出手诏云:"吾之不德,常欲闻谤以自儆,今若罪确,何以来天下异同之言?矧(shěn)确尝为辅臣,当知臣子大义,今所缴进,未必真是确诗,其一切勿问,仍牓(bǎng)朝堂。"如此处置,则二圣仁孝之道实为两得,天下有识,自然心服。臣不胜爱君忧国之心,出位僭言,谨俟诛殛。

这是说,臣苏轼近来蒙受圣恩眷爱怜悯,知道臣年老多病,特许出知州郡。臣深感受恩深重,不敢因为即将离京就外,便与那些明哲保身的臣子一般,有所见闻却不肯对太皇太后、陛下和朝廷知无不言。臣听闻有大臣上缴蔡确诗作,说他诗歌用语多有涉及谤讪怨毒之处。臣和蔡确本来就不是旧识好友,实在也厌恶他的为人作风,现在并不

九、党争阴霾　169

是敢为蔡确开脱说情,只是因为这件事关系甚大,是国家朝廷的体面和制度所在,天下臣民都在仰望太皇太后陛下和皇帝陛下二圣的举动决定,如果举措不当,所损害之处实为不小。臣作为学士侍从之近臣,本就应该论奏天下之事。如果朝廷从轻处理蔡确的罪过,那么天下人必定认为皇帝陛下看到他人诋毁、诽谤圣祖母太皇太后陛下,却不加以惩治,对于孝治来说,危害不浅矣;如果深究蔡确的罪过,那么臣民议论此事可能认为太皇太后陛下本该圣量宽大如同天地,却不能包容、忍受一个小人的怨恨、诽谤的话语,对于仁政也多少有所牵累。臣希望皇帝陛下可以降下敕令,命大臣立案,彻查追究蔡确诗作谤讪一事,之后太皇太后从内廷出手诏,说:"吾乏德行,常想要听闻批评来自我警醒,现在如果以此定罪蔡确,那还用什么方法才能听到天下赞同或反对的意见呢?况且蔡确曾经是先帝的宰辅大臣,应当知道臣子的大义,现在所缴进的诗作,也未必真的是蔡确所写,那就一切不问,告之朝廷如此。"像这样处置,那么太皇太后陛下和皇帝陛下二圣的仁政孝治就实为一举两得,天下有识之士都自然而然会心悦诚服。臣不胜爱君忧国之心,出此僭越非分之言,望陛下诛罚惩治。

  在这个节骨眼上为蔡确说好话,实在是需要勇气的。因为蔡确作为当时神宗皇帝推到台前的新法首领,曾经打击了一大批旧党官员,旧党之人几乎无不对其恨之入骨。而如今高太皇太后垂帘听政,临朝称制,全面废除新法,恢复熙宁初年祖宗法度,正是旧党当权,新党狼狈下野,大家痛打落水狗的时候。此时除非是宰相执政,其他人出来为蔡确说话,极易招致旧党仇恨。然而苏轼并非不知道这一关节,只是他确乎一颗赤子之心,一心为国家朝廷考虑,想到自己曾经经历乌台诗案,他一定不想再有人因为语言文字而轻启大狱,更不想朝廷再陷入互相倾轧、互相弹劾的党争漩涡之中而空耗岁月,导致政事荒怠,黎民不幸。

读罢奏疏,高太皇太后虽以苏轼所说言之有理,却不能用。她甚至对四朝元老、太师、平章军国重事文彦博诉苦,说蔡确的事情都没人肯管,如果司马光还在,肯定不会这样。到了这一步,苏轼已经无法阻止事情的恶化了。此后中书舍人彭汝砺等官员又连章弹劾蔡确。高太皇太后见机在召见执政时说,朝廷中蔡确党羽很多。尚书右仆射兼中书侍郎范纯仁(范仲淹之子)说蔡确无党。然而首相左仆射兼门下侍郎吕大防和副相中书侍郎刘挚都迎合上意,说蔡确确实有党羽在朝廷中。一场大狱眼看即将兴起。

元祐四年五月,诏观文殿学士、知邓州蔡确责授左中散大夫(从五品)、守光禄卿、分司南京(北宋南京应天府,即现在河南商丘,是赵匡胤归德军节度使所在,时称宋州)。

这个处罚并不算重,仍然保全了蔡确的体面,南京也并非偏远军州。果不其然,左谏议大夫梁焘、右司谏吴安诗、右正言刘安世以为责轻,御史中丞傅尧俞、侍御史朱光庭相继连章论说。

宰相执政们在觐见太皇太后时讨论此事,这些宰辅大臣哪个不是人精?都看出高太皇太后怨恨蔡确甚深,便纷纷赞同言官们从重处罚蔡确的建议。当此时,只有次相范纯仁和副相尚书左丞王存认为不可如此。范纯仁说:"方今圣朝,宜务宽厚,不可以语言文字之间,暧昧不明之过,诛窜大臣。今日举动宜与将来为法式,此事甚不可开端也。"

但范纯仁诚恳的言辞,以党争危害详细分说的劝谏并没有起到作用。

在之后的讨论中,太皇太后突然从帘幕后面口出天宪:"蔡确可英州别驾、新州安置。"这一句石破天惊的话语彻底震惊了宰辅们。在当时流传着这样一句官场谚语:春、循、梅、新,与死为邻;高、窦、雷、化,说着也怕。这说的是 8 个偏远的军州,大多处在岭南烟瘴之地,被贬谪而去的大臣基本上都死在了那里,再也回不来了。于是连此前赞同从重处罚蔡确的吕大防、刘挚等也说:"蔡确母亲年龄很大了,跟着去恐怕……"。因此请求念在蔡确是先帝宰辅大臣,还是改选一个近一些的州郡安置。帘幕后面忽然传出一声冷冰冰的话语:"山可移,此州不可移也!"范纯仁和王存见状甚至为此留下来向小皇帝哲宗求情,希望他能劝太皇太后。哲宗面无表情,一言不发。范纯仁最后只得奉诏。

当日离开延和殿后,范纯仁拉住吕大防,长声叹息,道:"此路荆棘七八十年矣,奈何开之?吾侪正恐亦不免耳!"想来,哲宗小皇帝沉默阴郁的脸色大有深意。而范尧夫这句话没想到也一语成谶!数年后,不仅仅是现在的当朝宰执,连苏轼也被卷进新的风暴中。

东坡在元祐四年七月到达湖光山色、美丽怡人的杭州。他在《杭州谢执政启》中说:"小器易盈,宜处不争之地;大恩难报,终为有愧之人。"这是苏轼在明确告诉朝廷里的宰辅大臣们,我东坡不和你们争权夺利,我就想在外面清静清静,求放过,好吧?然而这一年的杭州先闹洪灾,后现旱灾,粮食歉收,疫病流行。苏轼只得一面向朝廷求得诏令准许,减免杭州一部分税赋并赐予度牒(度牒者,僧尼出家之许可和凭证也。宋元丰时度牒价约在 130 贯左右。因僧尼可不纳税,不服徭役,故多有购而避税役者。),另一方面组织人员施粥送药,极大地减轻了灾情对杭州百姓的危害。据南宋周煇(huī)《清波别志》记载:"苏文忠公知杭州,以私帑(tǎng)金五十两助官缗(mín),于城中置病坊一所,名安乐。"也就是说,苏轼拿出了自己的50两黄金,和一部分公款,在杭州城中建了一座医院,叫安乐坊。苏轼对百姓的这种赤忱的关爱,可谓尽显无遗。

灾情之外,苏轼又忙于改善杭州百姓的生活环境,他和18年前通判杭州时一样忙于为当地百姓疏通六井,又治理西湖和杭州的河道,令人间天堂之美誉的钱塘杭州焕然一新。杭州人民把西湖边新筑的长堤命名为苏堤,就像过去唐代人们纪念白居易一样(亦有说乃后杭州太守林希命名为苏堤)。

杭州的百姓因此发自内心地敬爱他们的这位学士知州,然而刚刚从洛蜀党争中脱身,又见证了蔡确的车盖亭诗案的苏轼还是对仕宦生涯产生了深深的倦意。一次病愈之后,东坡登上当地的望湖楼,有感而作一首《临江仙》。

> 多病休文都瘦损,不堪金带垂腰。望湖楼上暗香飘。和风春弄袖,明月夜闻箫。　酒醒梦回清漏永,隐床无限更潮。佳人不见董娇饶。徘徊花上月,空度可怜宵。

休文是南北朝时期历经宋、齐、梁三朝的文学领袖沈约之字,据说其体弱多病,任宰相时又多次请求出外。在这首临江仙里,苏轼把自己比作了沈约,说自己"不堪金带垂腰",同样是鲜明地表达了自己倦于仕途的想法。清漏者,漏刻也,古代计时的工具。下阕写了东坡酒醉入睡之后梦中惊醒,听着漏壶长长的滴水声,躺在床上竟然觉得寒湿逼人。董娇娆是东汉宋子侯所作乐府诗歌之名,娇娆者,妍媚貌,言美丽也,可泛指美人。详看《董娇娆》诗意(洛阳城东路,桃李生路旁。花花自相对,叶叶自相当。春风东北起,花叶正低昂。不知谁家子,提笼行采桑。纤手折其枝,花落何飘扬。请谢彼姝子,何为见损伤。高秋八九月,白露变为霜。终年会飘堕,安得久馨香。秋时自零落,春月复芬芳。何如盛年去,欢爱永相忘。吾欲竟此曲,此曲愁人肠。归来酌美酒,挟瑟上高堂。)可知是言春光易逝,好景难再,吟咏人生悲欢的诗歌。因此在《临江仙》里东坡用此典,也多是表达这一意境。字面来看,是说侍酒的美人已经悄然不见,东坡自己只能注视着树梢上的月亮,感慨自己空度良宵。实则东坡用董娇娆一诗作为典故,其人生苦短,盛年不再的意境已经十分清晰,足可表达东坡倦怠仕途,渴慕泉林的心境。

在这样的一种心境下,东坡和当时的著名僧人之间交往更加频繁起来,他自己也沉浸在佛学中,时有所悟。然而他俏皮风趣的性格仍然不曾变过分毫。一日,他居然带着歌伎直入净慈寺大通法师的禅堂,大通禅师当即露出愠怒之色。明人田汝成所作《西湖游览志余》卷一四记载:"大通禅师者,操律高洁,人非斋沐,不敢登堂。东坡一日挟妙妓调之,大通愠形于色。公乃作《南歌子》一首,令妙妓歌之,大通亦为之解颐。公曰:'今日参破老禅矣。'"

原来大通禅师是一位非常注重戒律的大德高僧,寻常人如果不是斋戒沐浴,都不敢去净慈寺里求见大师。因此苏东坡非但带着女子前来,而且带着的是歌伎,大通禅师当然要不高兴了。东坡才思敏捷,有若文曲星下凡,当即写了一首《南歌子》,让随行而来的歌伎唱起来,结果大通禅师也被苏轼的词逗乐了,不禁开怀一笑。东坡便道:"今日参破老和尚的禅机啦!"

《南歌子》:

师唱谁家曲,宗风嗣阿谁。借君拍板与门槌。我也逢场作戏、莫相疑。　　溪女方偷眼,山僧莫眨眉。却愁弥勒下生迟。不见老婆三五、少年时。

前两句"师唱谁家曲,宗风嗣阿谁。"出自真宗时僧人释道原所作《景德传灯录》,是当时常见的客问僧人的话语,意思是大师你念的是谁家的经,继承的衣钵又是哪一个宗派的呢？拍板和门槌是用梁武帝时著名居士傅大士以拍板讲唱佛经的典故。逢场作戏一词也出自《传灯录》和《五灯会元》,有世间有为法不可执着,随机应对的意思。因苏轼一行从西湖边而来,大约因此将带来的歌伎称之为"溪女"。这是说溪女一边唱一边悄悄地看一看宝相庄严的大师,大师你应该彻悟诸法皆空的义理,所以就别因为着相而皱眉了吧！弥勒佛要五十六亿年之后才降诞到我们这个世界,恐怕那时候就看不到你我当年的模样了吧！（大约有修佛不可向外求,须向内求,须自度的意思。）"不见老婆三五、少年时。"典出唐末五代人王定保所撰《唐摭言》卷三:"薛逢晚年厄于宦途,常策羸赴朝,值新进士榜下,缀行而出。时士团司所由辈数十人,见逢行李萧条,前导曰:'回避新郎君。'逢辴(chǎn)然,即遣一介语之曰:'报道莫贪相,阿婆三五少年时,也曾东涂西抹来。'"（唐人自称阿婆,婆,即仆字转音也。辴然,笑的样子。一介,一仆役也。报道,告之也。）

苏轼是喜爱西湖的。据南宋费衮《梁溪漫志》卷四载:

东坡镇余杭,遇游西湖,多令旌旗导从出钱塘门,坡则自涌金门从一二老兵,泛舟绝湖而来。饭于普安院,徜徉灵隐、天竺间。

九、党争阴霾　175

以吏牍自随,至冷泉亭则据案剖决,落笔如风雨,分争辩讼,谈笑而办。已,乃与僚吏剧饮。薄晚则乘马以归。夹道灯火,纵观太守。

于中可见苏轼平素无重要公务时,甚至可以在游览西湖和寻山访寺的逍遥里就把政事都办了,且才思过人,"落笔如风雨",与僚吏、宾客等谈笑间就能判状平刑。公事毕,且要与僚吏一同豪饮,傍晚才乘马而归。老百姓们夹道而立,在灯火中情不自禁地恣意围观他们的太守苏学士的倜傥风采。这就不仅显出苏东坡在当时的民间犹如一个大明星一般,更可见得苏轼为政地方之得民心了。

第二次为官杭州的生活在醉心山水与处理庶政的过程中很快到了元祐六年。二月,朝廷诏令又下,龙图阁学士、御史中丞苏辙为中大夫、守尚书右丞;龙图阁学士、吏部尚书苏轼为翰林学士承旨,也就是说,苏轼远离朝廷纷争的希求又落空了,朝廷再次令其重回中央。值得注意的是,苏辙此时已经成为副相,位列执政,犹在苏轼之上。对此尤感不安的苏轼上书请辞,要求避嫌,说弟弟今为执政,自己又要回去担任翰林学士,恐怕又要招致事端。事实上,也确如苏轼所想,苏辙为副相的诏令是在二月辛卯,结果只过了一天,此月癸巳日右司谏杨康国便上奏反对苏辙为尚书右丞,只不过高太后不许。但苏轼请求继续外知州郡的愿望也没有得到朝廷准许。

离开杭州之日苏轼写下一首《八声甘州》赠给好友参寥子(道潜)。

有情风万里卷潮来,无情送潮归。问钱塘江上,西兴浦口,几度斜晖?不用思量今古,俯仰昔人非。谁似东坡老,白首忘机。

记取西湖西畔,正暮山好处,空翠烟霏。算诗人相得,如我与君稀。约他年、东还海道,愿谢公雅志莫相违。西州路,不应回首,为我沾衣。"

春风十里,来时有若多情儿女,万里之外亦挟卷浪潮而来。去时却终究无情,送潮起潮落。天地之间,日月流转,问一问这钱塘江上、西兴渡口,日升月落乃有几回?我们不用在脑海里追索古人的踪迹,因为世间万物都在俯仰之间转瞬成非。如今我老则老矣,虽白发而看破人世浮沉,早已荣辱不挂于心。

犹记西湖西畔,暮霭之中,山翠烟缭,你我二人曾结伴同游。算来我们诗词相得,性格相投,这等深厚的友情也是难能可贵啊。我与你约定,会实现谢公(东晋谢安)未尽之梦想,自长江西来,东往大海之滨,终过上隐居逍遥的日子,再与你畅游林泉,但愿我这雅志且莫事与愿违啊!当年谢公外甥羊昙路过西州之门,念及谢公辞世而未能归隐的夙愿,泪如雨下。但愿此后没有遗憾,但愿你也无须为我哭湿衣裳。

词中情意拳拳,又豪情豁达,甚至东坡居士的形象也变得颇有一些仙风道骨起来,让人想见他竹杖芒鞋,步于山林之间,登东皋以舒啸,临清流而赋诗。

回到汴梁的苏轼与弟弟苏辙团聚在一起,当此时,东坡位列禁林,子由荣登东府,兄弟二人犹如朝堂上的一双宝玉,光华照人,不少年轻才俊争相归于其门下,这其中就包括以苏轼学生自居的秦观。

秦观是苏轼在知徐州期间即结识的后辈,当时秦观便在诗歌中写道:"我独不愿万户侯,惟愿一识苏徐州",自此便对苏轼执弟子礼,以苏轼门下学生自居。秦观在词上达到极高的造诣,从如今传世的词作来看,有许多耳熟能详的名句名作,如《鹊桥仙》里的"金风玉露一相逢,便胜却人间无数""两情若是久长时,又岂在朝朝暮暮";又如《踏莎行》"雾失楼台,月迷津渡,桃源望断无寻处。可堪孤馆闭春寒,杜鹃声里斜阳暮。驿寄梅花,鱼传尺素,砌成此恨无重数。郴(chēn)江幸自绕郴山,为谁流下潇湘去?";《满庭芳》"山抹微云,天连衰草,画角声断谯门。暂停征棹,聊共引离尊。多少蓬莱旧事,空回首、烟霭纷纷。斜阳外,寒鸦万点,流水绕孤村。销魂。当此际,香囊暗解,罗带轻分。谩赢得、青楼薄幸名存。此去何时见也,襟袖上、空惹啼痕。伤情处,高城望断,灯火已黄昏。"——从这些词作来看,秦观实在是一位文学奇才。

苏轼十分欣赏秦观的才华,此时秦观也在朝中为官,担任的是秘书省正字,约九品之京官,没有想到他就成为了一根向苏轼和苏辙两兄弟开炮的导火索。

元祐六年(1091年)的朝局又发生了一定的变化。此时次相范纯仁已经出外,原先的副相刘挚由中书侍郎升为了右仆射次相,他作为司马光的亲信和朔党领袖,在当时权威颇重,程颐的门生许多都投入其门下。刘挚始终没有忘记苏轼当年与司马温公在免役法上大起争执的龃龉——他意识到东坡此人是一个极难控制的人,连司马相公都不能收为己用,何况自己!他也十分清楚苏轼帘眷甚隆,心中或多或少恐惧着苏轼宣麻拜相进入东府的那一天,届时东坡与子由俱在政事堂为相,那还有刘挚和他门生立锥之地嘛!而程颐的门生们更不会忘记东坡对他们至为崇敬的恩师程颐的百般戏弄,于是就在苏轼刚刚回到东京不久,一场针对两兄弟的风暴又平地而起。

程颐的门生侍御史贾易早已投靠刘挚,他窥知宰相之意,又挟私愤，精心准备了一套组合拳对付苏轼、苏辙。他亦知晓太皇太后宠信东坡，因此他采用了历朝历代惯用的政治斗争伎俩，既先从政敌的外围同僚开始攻击。贾易便瞄准了苏门四学士之一的秦观，上章弹劾秦观行为不检。

苏轼自然要救自己的爱徒秦观。东坡以为如今的御史台长官御史中丞赵君锡与自己为善，是神交已久的知己，托人带句话叫他替少游说说情便可。原来苏轼还记得自己在元祐四年请求外知州郡，朝廷已经准许苏轼出知杭州的情况下，时任给事中的赵君锡上奏说："轼之文追攀六经，蹈藉班、马，自成一家之言，国家以来，惟杨亿、欧阳修及轼数人而已。……知无不言，言之可行，所补非一。故壬人畏惮，为之消缩，公论倚重，隐如长城，诚国家雄俊之宝臣也。……轼领远藩，承流牧民，亦足发其所存，但设施有限，所利未广。岂若使之在朝，用其善言，则天下蒙福；听其说论，则圣心开益；行其诏令，则四方风动，奸邪寝谋，善类益进。伏望收还轼所除新命，复留禁林，仍侍经幄，以成就太平之基。"

赵君锡的意思是说，苏轼的文章水平之高，远可以如《诗》《书》《礼》《易》《乐》《春秋》之六经，微言大义；近可以超越班固、司马相如，已经自成一派宗师。自有宋以来，只有西昆体的杨亿、一代文宗欧阳文忠公和苏轼区区数人才有这种高度。苏轼正直直言，对朝廷和君父从无隐瞒，所建言建策都有值得施行之处，所补益于朝廷天下的事情不是一件两件。因此奸邪小人畏惧害怕他，为之退缩不敢现形，苏轼亦为公众舆论所推崇，实在是国家雄俊杰出的宝贵大臣啊！现在苏轼牧领远方州郡，管理地方百姓，当然也可以发挥他的才能，但是毕竟让他展布拳脚的地方有限，所能利益到的方面并不广泛。哪里比得上让苏轼在中央,用其善言善策,令天下蒙受其福;听取他的正直之言,令太皇太后陛下和皇帝陛下圣心开明受益;颁布他撰写的诏令,令四方响应,奸邪之谋因此失败,正直用事之大臣盈满于朝廷。伏望朝廷收还苏轼新授知州的诏令,仍然让他任职于翰林,执掌经纶辞令,用以成就太平!

也就是说,在元祐四年苏轼被程颐门下朱光庭等人攻讦,不厌其烦请求出外获准的情况下,赵君锡敢于站出来为苏轼说话,甚至把苏轼捧上了天,因此东坡自然把他引为知己,认为是一位真正了解自己的忠贞大臣。

于是苏轼派了门下的王遹(yù)去见赵君锡,请他为秦观说说好话,保全其官职,又论及两浙灾情,请求他在台谏中支持东坡的赈灾意见。不料,赵君锡反而将此事作为罪证,在奏章中弹劾苏轼!

起初贾易弹劾秦观时,赵君锡也在同一日跟着上章,说:"臣前荐观,以其有文学,今始知其薄于行,愿寝前荐,罢观新命。臣妄荐观罪,不敢逃也。"意思说之前举荐秦观,是因为他有文章诗词的学问,现在才知道他言行浮薄,愿废止之前的举荐,罢免他的任命。

王遹见过他之后,赵君锡在奏疏中说:"二十七日,观来见臣,言:'贾御史之章云,邪人在位,引其党类。此意是倾中丞也。今贾之遗行如观者甚多,中丞何不急作一章论贾,则事可解。'观之倾险如此,乞下观吏究治之。缘臣与贾易二十六日弹观,才一夕而观尽得疏中意,此必有告之者。朝廷之上不密如此。观访臣既去,是日晚有王遹来,苏轼之亲也,自言轼遣见臣有二事,其一则言观者,公之所荐也,今反如此;其一则两浙灾伤如此,而贾易、杨畏乃言传者过当,欲令朝廷考虚实,朝廷从其奏。于是给事、两谏官论驳(古同"驳"),以谓当听其赈卹(xù),不可先以覈(hé)(检验、查核)实之旨恐之。夫台谏之言不同如此,中丞岂可不为一言?臣以为观与遹皆挟轼之威势,逼臣言事,欲离间风宪。臣僚皆云奸恶,乞属吏施行。"

这封弹章说得绘声绘色。里面写道:二十七日,秦观来见臣,对我说:"贾御史的奏章说,奸邪之人在位,多提携其朋党。这是意图要倾轧中丞,向中丞夺权啊。现在贾易好攻讦他人,这种不检点的行为太多了,有许多人像我秦观一样与他因此有仇隙,中丞为什么不立刻写一封奏章弹劾贾易,那么一呼百应,事情必然可以解决。"秦观的奸邪就是如此这般明目张胆,乞请将他移送法办,由官员审查!此前因臣和贾易二十六日弹劾秦观,才一个晚上的时间秦观居然就全知道自己被弹劾,这必定是有人密告的原因啊。朝廷内外机密不严如此!秦观从臣寒舍拜访离去之后,这一天晚上王遹前来,王遹是苏轼的亲信,自称苏轼派他来有两件事和臣分说。一件就是秦观的事情,意思是秦观过去是臣所推荐,还须臣加以回护,现在反而弹劾他,应该吗?另一件事是说两浙灾情,贾易、杨畏说是传言夸大了,希望令朝廷考察虚实,知晓实际情况,朝廷准许了他们的奏议。在这时给事、两谏官又议论、反驳起来,认为应该准许地方赈灾抚恤,不能够先用核查虚实的旨意惊吓到地方。(苏轼是想要我赞同先行赈恤。)御史台、谏院的观点如此不同,我作为御史中丞难道可以不发一言吗?臣认为秦观和王遹都是挟苏轼的威权势力,逼迫臣听从他们的话语来发表意见,这是想要离间台谏官员啊!臣僚们都说苏轼一党奸恶不法,乞请朝廷派遣官吏审查法办!

从上述两封两年间的奏章来看,赵君锡前后对苏轼的评价和好恶似乎有了转变,从一个极端到了另一个极端。这是什么原因呢?难道

九、党争阴霾 | 181

在元祐四年苏轼还是"国家雄俊之宝臣",偏偏到了元祐六年再回中央就是大奸大恶、结党营私之权臣了?

实际上刚回到东京不久,在七月时苏轼已经又上表乞求出外,从未表现过贪恋权位之意。

> 翰林学士承旨、兼侍读苏轼言:"臣闻朝廷以安静为福,人臣以和睦为忠。若喜怒爱憎,互相攻击,其初为朋党之患,而其末乃治乱之机,甚可惧也。臣自被命入觐,屡以血恳,频干一郡,非独顾衰命为保全之计,实深为朝廷求安静之理,而事有难尽言者。臣与贾易本无嫌怨,只因臣素病程颐之奸,形于言色,此臣刚褊之罪也。而贾易,颐之死党,专欲与颐报怨,因颐教诱孔文仲,令以其私意论事,为文仲所奏。颐既得罪,易亦坐去。而易乃于谢表中诬臣弟辙漏泄密命,缘此再贬知广德军,故怨臣兄弟最深。臣多难早衰,无心进取,岂复有意记忆小怨,而易志在必报,未尝一日忘臣。其后召为台官,又论臣不合刺配杭州凶人颜章等。以此见易于臣,不报不已。今既擢贰风宪,付以雄权,升沉进退,在其口吻,臣之绵劣,岂劳排击。观其意趣,不久必须言臣并及弟辙。辙既备位执政,进退之间,事关国体,则易必须扇结党与,再三论奏,烦渎(dú)圣听。朝廷无由安静,皆臣愚昧,不早回避所致。若不早赐施行,使臣终不免被人言而去,则臣虽自顾无罪,中无所愧,而于二圣眷待奖与之意,则似不终。窃惟天地父母之爱,亦必悔之。伏乞检会前奏,速除一郡,此疏即乞留中,庶以保全臣子。"

奏章里说，臣听闻朝廷以大臣安静无争斗为福，为人臣子以和睦团结为忠。如果因为彼此喜怒爱憎的区别，互相攻击，这种祸事起初只是朋党之忧患，但到了最后就会是国家安定与动乱的根本原因，非常值得警惧。臣自从受命觐见，屡次以极其诚挚的恳求，频繁地求知一州郡，这并不只是考虑自己年老而明哲保身的想法，实在是深思以后为朝廷求安静太平的办法，个中曲折，一言难尽。臣和贾易本来没有什么仇怨，只是因为臣平日一直厌恶程颐的奸诈，就常表露在言行脸色上，这是臣刚直褊促之罪啊。贾易此人，是程颐之死党，专门想要给程颐报仇。过去由于程颐想要教唆诱使谏官孔文仲（苏轼好友），令他按照程颐的私人意志来论奏事情，结果反被孔文仲所弹劾。(颐人品纤污，天资憸巧，贪黩请求，元无乡曲之行。奔走交结，常在公卿之门。)程颐已经因此得到处分，被罢免崇正殿说书，贾易也被罢出知外州。而贾易又于谢表中诬陷臣弟苏辙泄露禁中机密诏令，朝廷知其构陷，就把他再贬知广德军，所以他怨恨臣兄弟二人最深。臣一生多难，早早衰老，无心进取权位，又怎么会记着这种小怨小仇呢，但是贾易志在必报仇隙，一天都不曾忘记臣。后来他担任御史，又论臣不应该将杭州凶徒颜章刺配军州。因此足见贾易对臣，不报仇隙，绝不停止。现在他已经擢升至御史台副长官，朝廷交给他监察大权，许多官员的升降进退，就在其口吻的褒贬之间，臣才能薄弱、智慧低下，又哪里需要劳烦他抨击弹劾？看他的意思和图谋，不久之后必定会弹劾臣和臣弟苏辙。苏辙现在已经成为执政副相，他的进退关乎国家体面，因此贾易必定会勾结党羽，再三上奏弹劾，烦扰亵渎太皇太后和陛下之圣听。朝廷之不能安静，都是因为臣愚昧，不能及早回避所导致。如果不能早赐诏令让臣出外，使臣最终不免被人弹劾而离开京师，那么虽然臣自我反省也

九、党争阴霾 | 183

无罪无愧,但对于太皇太后和陛下眷爱优待、奖掖赏赐之意,恐怕不能有所善终。臣私以为天地父母之爱,也必定会后悔这样的情况发生。伏乞检览之前上奏之疏,早日任命臣外知州郡,这一疏就乞求留中不发,或许可以保全臣子。

贴黄(宋代奏札意有未尽,摘要另书于后,叫做"贴黄"。)里苏轼反反复复强调乞求朝廷准许自己离开中央,去地方上做知州的想法,足见我们的诗人苏东坡早已洞察朝中党争之险恶,也厌烦了这种尔虞我诈的纷争旋涡,对于权位,他并无任何留恋。因此两相比较,我们或许只能认为御史中丞赵君锡恐怕当年任职给事中时赞扬苏轼也未必是出于实心,而是窥测到苏轼帝眷甚重,想以此向高太皇太后邀宠;而在两年后自己执掌御史台之时,又知晓宰相右仆射刘挚之朔党与程颐洛党合流,谋黜苏氏二兄弟,为了自己的政治前途,他不愿得罪宰相。苏轼把这样左右逢源的人当成了好友,足见他识人之天真了。

很快如苏轼所预料,贾易的组合拳第二招来了。他在奏疏中弹劾道:

> 谨按尚书右丞苏辙,厚貌深情,险于山川,詖(bì)言殄(tiǎn)行,甚于蛇豕(shǐ)。……善为诡谲,以谄交固党,至于用巧,得为御史中丞。于是肆其祸心,无所忌惮。所毁者,皆睚眦之怨;所誉者,皆朋比之私。……陕西地界,识者皆知不与为是,辙则助其蜀党赵卨(xiè),侥幸私己之邪议,力非忧国经远之公言。

> 谨察尚书右丞苏辙,深藏不露,貌似忠厚,险恶甚于山川,奸邪言辞,罪恶行止,甚于毒蛇猛兽。……他善于狡猾诡诈,用谄媚的言行交

结、牢固党羽之间的联系，通过投机取巧，成为御史中丞。到了那时便放纵其险恶用心，无所忌惮畏惧。他所弹劾别人的原因，都是一些微不足道的私怨；而称赞别人的原因，都是朋党私恩。……陕西地界（指元祐六年苏辙主张应该弃地予西夏事），有识之士都认为不弃地予西夏才是对的，苏辙却助其蜀党党羽赵卨，侥幸地想要促成自己的邪说意见，着力反对真正的忧国忧民、眼光远大的公论。

又着重弹劾苏轼：

> 其兄轼，昔既立异以背先帝，尚蒙恩宥，全其首领，聊从窜斥，以厌众心。轼不自省循，益加放傲。暨先帝厌代，轼则作诗自庆曰："山寺归来闻好语，野花啼鸟亦欣然。此生已觉都无事，今岁仍逢大有年。"书于扬州上方僧寺，自后播于四方。轼内不自安，则又增以别诗二首，换诗板于彼，复倒其先后之句，题以元丰八年五月一日，从而语诸人曰："我托人置田，书报已成，故作此诗。"且置田极小事，何至"野花啼鸟亦欣然"哉！又先帝山陵未毕，人臣泣血号慕正剧，轼以买田而欣踊如此，其义安在？谓此生无事，以年逢大有，亦有何说乎？是可谓痛心疾首而莫之堪忍者也。后于策题，又形讥毁，言者固常论之。及作吕大防左仆射麻制，尤更悖慢，其辞曰："民亦劳止，庶臻康靖之期。"识者闻之，为之股栗。夫以熙宁、元丰之政，百官修职，庶事兴起。其间不幸，兴利之臣希冀功赏，不无掊刻，是乃治世之失，何至比于周厉王之时民劳、板、荡之诗，刺其乱也？

这是说苏轼过去已经背弃先帝，只是蒙受先帝洪恩宽宥，保全了

九、党争阴霾　　185

他的性命,贬斥到黄州来平息群臣对他的愤怒罢了。苏轼却不自己加以反复省察,更加放纵傲慢。到先帝登遐,与世长辞,苏轼却写诗为之庆贺:"山寺归来闻好语,野花啼鸟亦欣然。此生已觉都无事,今岁仍逢大有年。"当时写在扬州上方僧寺,自此之后传播于海内四方。苏轼因此有所心虚不安,就又增添了两首其他的诗,在山寺里换了块题了他诗的木板,又颠倒其中先后,题写了元丰八年五月一日为日期,从而告诉大家说:"我托人购置田宅,后来他来信告之我已经办好了这事,所以我写了这首诗。"况且购买田宅乃是极小的事情,何至于说"野花啼鸟亦欣然"呢!又先帝长眠山陵之礼还未结束,为人臣子者正应当泪如血涌、痛哭追慕,直至悲恸无以复加,就算苏轼是因为购置田宅而欣喜踊跃,那么他的忠义又何在呢?又说今年是个丰收好年,现在先帝于这一年登遐,也能有这种说法吗!没有正道人士能够忍受对先帝的亵渎、侮辱!此后苏轼在策论题目中,又对先帝加以讥谤诬毁,这是言官们本来就经常谈及的事情。等到苏轼撰写吕大防宣麻拜相的诏令时,还更加狂悖傲慢,他撰写的辞令里有"民亦劳止,庶臻康靖之期。"(民亦劳止出自《诗经·大雅·民劳》,相传为西周大臣召穆公所作,旨在铺陈百姓极其惨烈之苦,规劝周厉王体恤民情,改过从善。康靖,安宁、安康也。)有识之士听闻,为之气愤惊异,以至双腿战栗。正是凭着熙宁、元丰年间的先帝施政,百官尽心职守,才有诸多政事兴办成功。期间一些不幸之处,也完全是兴利的奸臣邪党,希冀贪图功劳和赏赐,因此存在一定的聚敛、盘剥百姓之处,这不过是太平之世的一点小小不足,何至于要如周厉王时期一样,用写百姓疾苦,国家动荡的诗来批评其乱象呢?

对于苏轼之前以龙图阁学士出知杭州时的地方政务,他又颠倒黑白:

其在杭州,务以暴横立威,故决配税户颜章兄弟,皆无罪之人,今则渐蒙贷免矣。既而专为姑息,以邀小人之誉;兼设欺弊,以窃忠荩(jìn)之名。如累年灾伤不过一二分,轼则张大其言,以甚于熙宁七八年之患。彼年饥馑疾疫,人之死亡者十有五六,岂有更甚于此者。又尝建言以兴修水利者,皆为虚妄无实。而自为奏请浚治西湖,乞赐度牒,卖钱雇役,闻亦不免科借居民什(shí)器畚插之类,虐使捍江厢卒,筑为长堤(dī)于湖中,以事游观,于公私并无利害。监司畏其彊(qiáng),无敢触其锋者,况敢检按其不法耶!

他说苏轼元祐四年出知杭州时,专门以暴虐蛮横的施政来立威,因此判了纳税良民颜章兄弟流放的重刑,可他们都是无罪之人啊,现在已经逐渐蒙受朝廷宽恕减免了。此后他又专做纵容之事,借此来邀取一干小人对他的夸誉;同时对朝廷又巧加欺诈蒙骗,借此窃取忠诚为民的好名声。如过去历年灾情平均下来不过当地十之一二的损失,苏轼却夸大其词,说比熙宁七八年的灾患还厉害。那一年饥荒瘟疫,灾情严重的地方百姓死亡的达到了十之五六,哪里会有比这更严重的呢?苏轼又曾经建议在杭州兴修水利,却都是虚妄无实际作用的一些工程。他自己奏请疏通治理西湖,向朝廷乞求赐予了度牒,卖了钱雇来工人,听说其中也不免强行征收百姓各种挖土工具之类的事,又粗鲁暴虐地使唤钱塘地方厢军士卒,在西湖上建了条长堤,用来游览之用!于公于私都毫无任何好处!地方监司大员都害怕苏轼的权威之大,没有敢触怒他的锋芒的,更别说敢检举审查他的诸多不法行为的了!

又说苏轼结党营私,觊觎首相权位,危言耸听之至:

> 今既召还,则盛引贪利小人,相与倡言圣眷隆厚,必求外补,非首相不可留也。原轼、辙之心,必欲兄弟专国,尽纳蜀人,分据要路,复聚群小,俾害忠良,不亦怀险诐(bì),覆邦家之渐乎!

他说现在朝廷把苏轼召回了中央,他苏轼便极力提携贪利小人,和他们狼狈为奸、沆瀣一气,在一起时扬言说自己圣眷隆厚,果真求外知州郡的话,不是以首相的职位相留就不要也罢。推究苏轼、苏辙的险恶用心,必定是想要他们二兄弟擅权专国,尽纳蜀人为党羽,令其爪牙鹰犬分别占据朝廷中的重要职位,又聚集众多小人,使他们祸害忠良,这不就是他们心怀奸诈卑劣之图谋,而颠覆朝廷国家的开端吗!

又编造苏轼拉拢他的谎言:

> 臣自被命以来,数使人以甘言诱臣者,或云轼深叹美,恨相知之晚。或云今之除授辙有力焉。

贾易说自从自己受命任侍御史担任御史台副长官以来,苏轼屡次派人用甜言蜜语来诱惑哄骗他,有的人说苏轼深深叹许、赞美贾易的才华和为人,只恨相知太晚。有的人则说苏辙拜副相他贾易也与有力焉。

这两套组合拳我们不妨来粗略分析一番。第一步弹劾秦观,这是攻东坡之必救,因为贾易他知道苏轼重情重义,决不会坐视秦少游被罢官而必为之走动营救,这样就留下了把柄可以作为结党营私、提携小人的所谓证据。第二步是直接攻击苏辙、苏轼二兄弟,这已经是亮明了车马,明刀明枪地直捣黄龙。他抓住苏辙主张弃地予西夏的污点作为第一攻,然后吹毛求疵、牵强附会地曲解苏轼的诗句和撰写的拜相诏令从而给他扣上亵渎先帝、大奸不忠的高帽子作为第二攻,又将苏轼为政杭州的种种施政举动说成是暴虐良民、虚报灾情、劳民伤财——总之一无是处,反倒全是不法行为,以此作为第三攻,最后则是诬蔑苏轼企图擅权乱政,多方勾结党羽,甚至还想拉拢自己,说得以假乱真。

真不知伊川先生程颐,如何就教得这样的学生,这样的阴谋家。无怪乎喜程颢者多有,而恶程颐者亦不为鲜矣。

苏轼的内心定然因此而疲惫不堪,自乌台诗案以来,除贬谪地方之时,其余皆谤言随身,这些恶意中伤的无聊攻击,究竟何时是个头呢?他在内心里把赵君锡当成知己,谁料赵君锡如此对他?

不久,首相左仆射吕大防和次相右仆射刘挚留对此事,向太皇太后禀报了贾易弹劾苏轼兄弟的奏疏。太皇太后直截了当地回答:"贾易抨击苏轼的那些话也太过分了,须给予贬官降职的处置。"

吕大防实际上不失为一个政治斗争的高手,除了在整蔡确时候立场坚定以外,从不轻易表露倾向,此次他又恢复了深藏不露和稀泥的老习惯,说:"这件事上,贾易确实有些不恰当的地方。但是如果立刻对他贬官降职,那么台谏言官们不知道这样做的原因,又必定会议论纷纷。现在如果要让朝廷早点安定下来,不如把贾易和苏轼都一起罢知外州,最为方便。"

太皇太后的表情隐藏在帘幕后面,过了一会儿才点了点头,顿了顿,又补充说:"但是贾易的处置不能太优待了!"

吕大防和刘挚退出延和殿后,刘挚又说:"贾易是位刚直果敢,勇于言事的好侍御史啊。前些年台谏颓靡,自从贾易来了后,大为改观。现在要离开御史台可惜了。苏轼才高八斗,如果肯稍微遵循点步骤,又有谁能超过他呢?哎,知道自贵自重,不可轻浮孟浪,这是有大智慧的人才能做到的啊,确实也是许多古人都办不到的。"

吕大防知道这是刘挚在打压东坡,却说:"为了朝廷安宁,且如此吧。"

刘挚向首相拱了拱手:"微仲(吕大防字)相公何必自责,贾易弹劾苏氏兄弟的事情,虽然大多是搜集昔年旧事,但也确实是台谏官员们曾经多有论及的不当内容。苏轼虽然没有什么大的问题,但却从赵君锡所奏可知,他让王通去给秦观说情,沟通台长而救门生,实有其事,所以才将二人都罢职出外啊。"

刘挚此刻的得意洋洋吕大防看在眼里,心中却是一阵冷笑。吕大防保全了苏辙,就是为了对付刘挚。将苏轼赶出东京的刘挚并不知晓,不用过多久,他就会因为在给与蔡确关系紧密,且曾与蔡确一同叫嚣神宗不豫时有"定策大功"的邢恕之信中的话语,而最终被高太皇太后彻底厌恶,以致丢了相位。他指使御史言官寻摘苏轼字句来罗织罪名,最后也因为自己信中"以俟休复"一句被人定性为"复子明辟"(出《尚书·洛诰》,谓还政或让位。即是指高太皇太后归政哲宗之意。)而落了个罢知郓州的下场。这或许谈不上天道好坏,但也足见元祐时期党争的波谲云诡了。

吕大防不救苏轼而态度暧昧地看似支持刘挚打压东坡,除了政治斗争上的隐忍和策略外,还有其他原因吗?从一些笔记材料来看,或许亦有一些有趣的端倪和可能。

《苕溪渔隐丛话》卷二十六引《东皋杂录》云：

> 东坡善嘲谑，以吕微仲丰硕，每戏曰："公具有大臣体，坤六二所谓直方大也。"后拜相，东坡当制，有云："果艺以达，有孔门三子之风，直方而大，得坤爻六二之动。"又尝谒微仲，值其昼寝，久之方见，便坐昌阳盆畜一绿龟，坡指曰："此易得耳，唐庄宗时有进六目龟者，敬新磨献口号云：'不要闹，不要闹，听取龟儿口号，六只眼儿睡一觉，抵别人三觉。'"微仲不悦。

据此材料可知，苏轼因为吕大防长得胖，每每戏言说，"吕公您真是有大臣气度，心宽体胖啊，如坤卦六二所谓直、方、大啊。"后来吕大防宣麻拜相，正由苏轼撰写制词，他造段子的心居然把这种话写进了拜相的诏令里。又有一次东坡曾到吕大防府邸上拜谒，正遇上吕大防白天睡午觉，等了很久才见到。东坡早等得不耐烦了，看到座位旁的昌阳盆里养着只绿毛龟，他便指着这只龟对吕大防说："这种绿龟很容易得到啊，不像唐庄宗时候有人进献了一只六眼龟，殊为难得，当时的伶人敬新磨在殿下进口号说：'不要闹，不要闹，听取龟儿口号，六只眼儿睡一觉，抵别人三觉。'"这显然是在调侃吕相公白天打盹睡得如此久，让客人久候，就好比那六眼乌龟，睡一觉，仿佛抵得上别人睡三觉。材料最后告诉我们，吕大防不太高兴。你苏学士级别虽高，但我吕微仲是你上司啊，级别更高，年龄上还长你10岁呢！你居然说我是个6只眼睛的乌龟王八！这若说吕大防有点不开心，也是完全可以理解的。

不过据《贵耳集》上云：

九、党争阴霾

> 东坡因访吕微仲,偶在书屋坐久,因见盆中养一龟,有六目。微仲出与东坡言:"偶昼寝久坐。"东坡云盆中之龟,作得一口号奉白:"莫要闹,莫要闹,听取龟儿口号。六只眼儿睡一觉,却比他人三觉。"吕大笑。

则吕大防的反应是"大笑",似乎不以为意,反而给东坡的幽默诙谐逗乐了。但我们如果仔细回味,并参详吕大防此人为官的城府和政争的手段,这层大笑究竟是被逗得开怀之笑还是心里准备以后给东坡下绊子、穿小鞋,那就颇值得玩味了。

当然,实际上苏轼有没有真的在这样的调侃和玩笑里得罪贵为首相的吕大防,很可能并不是他在被刘挚排挤时候,首相不救之的主要因素,甚至可能根本谈不上一个有分量的因素。因为吕大防作为一个宰辅级别的政坛元老,他的考量更多都是出于权力斗争,苏轼是他丢给刘挚的一块肉,一个可以牺牲的棋子,好麻痹刘挚,让他以为自己颠顶可欺,而吕大防不动声色,轻轻摘出来的苏辙,才是他要用来对付刘挚的后招。但从这两则材料里,我们也不难看到苏轼好言惹事的性格,在我们而言,觉其可爱,若于东坡自身之仕途来说,乃又是一种不幸了。

于是,在吕大防并不反对、刘挚又坚定支持贾易的情况下,诏令公布:翰林学士承旨兼侍读苏轼为龙图阁学士、知颍州,侍御史贾易本官知庐州。给出的理由是:"轼累乞外任,可依所奏。易言事失当,可与外任也。"

赵君锡依旧不依不饶,连上两章弹劾,其中说,"盖蔡确无礼于太皇,与轼无礼于先帝,其罪一也。岂可确则流窜遐荒(边远荒僻之地),轼则一切不问？太皇不行此事，将何以教天下之为母者也？皇帝不行此事，将何以教天下之为子者也？有臣怀悖逆之心，形容于言辞如此，而朝廷不能亟正其罪，将何以教天下之为臣者也？伏望二圣质以近事，早赐睿断，以解释天下之非议。"

赵君锡之意，乃是说苏轼当与蔡确同罪，非流放远州不可，用心之毒，令人咋舌。

元祐六年八月，苏轼赋词《满江红·怀子由作》一首，离开了东京这是非之地。

> 清颍东流，愁目断、孤帆明灭。宦游处、青山白浪、万里重叠。辜负当年林下意，对床夜雨听萧瑟。恨此生、长向别离中，添华发。
>
> 一尊酒，黄河侧。无限事，从头说。相看恍如昨，许多年月。衣上旧痕余苦泪，眉间喜气添黄色。便与君、池上觅残春，花如雪。

清澈的颍水向东流逝而去，望着河面孤帆远影忽明忽灭，心中暗生怅惘。仕途中为官于四方，走过万水千山，有多少艰难险阻啊！只可惜辜负了与弟弟你当年约定要早早地一起优游林泉、隐居山野的心愿，尚忆否，你我曾经对床夜语，道人生之百态，听风雨之萧瑟，这不就是韦应物"那知风雨夜，复此对床眠"的意境嘛！此生遗憾，你我兄弟二人总是生生离别，空长年齿，徒添白发。

黄河之畔，我且举杯遥祝，弟弟你一切安好。你我一路走来，卷入多少悲欢离合人间事，无限感慨，一言难尽。细细思量，恍如昨日。衣

九、党争阴霾

裳虽旧,留有往日凄苦之泪,但你我也已不再壮年,或许致仕之日不远矣,离开险恶的东京,我眉目间又不禁有一丝喜气可寻。待到你我终于能够归隐,便与你一同,在人生暮年,山花池畔,寻觅残春之芳踪,看那落英缤纷,似如雪花万千。

对于险恶的仕宦之途,苏轼倦了。

这一年,东坡五十六岁了。

十

东坡终焉

苏轼在颍州的时间至多半年,但离开了东京这个是非之地,他的心情倒又陶醉在颍州的"西湖"胜景中。《苕溪渔隐丛话》引王直方《诗话》云:

> 杭有西湖,而颍亦有西湖,皆为游赏之胜,而东坡连守二州,其初得颍也,有颍人在坐云:"内翰但只消游湖中,便可以了郡事。"盖言其讼简也,秦少章因作一绝献之,云:"十里荷花菡萏初,我公初置有西湖,欲将公事湖中了,见说官闲事已无。"后东坡到颍,有《谢执政启》,亦云:"入参两禁,每玷北扉之荣;出典二邦,辄为西湖之长。"

看来,大文豪东坡到了颍州和为政杭州时一样,也是喜好"西湖办公"。他甚至把这种心境写进《颍州到任谢执政启》中,说自己两入禁林,为翰林学士,每每都有所玷污学士院的荣耀,此后出来牧守两州,就都成了西湖的长官。这话幸亏是在元祐年间,旧党当政,若是元丰时期,怕又要给穿凿附会,小则参苏轼一个懒政不作为的苟且之罪,大则劾其心怀怨怼,出语讥讽朝廷——但正是这种性格脾气,正是如此说话风格的苏轼,才是我们那个熟悉的、喜爱的苏轼。

元祐七年(1092年)二月,新的诏令又调任他前往扬州,以龙图阁学士充淮南东路兵马钤辖知扬州军州事。东坡带着家人一路乘船走水路,于三月中旬抵达扬州任上。

东坡在一路上见到农田阡陌之间异常萧条,于是他白龙鱼服、微服私访,向田舍间的老农咨询问讯,这才得知百姓们正苦于无力还清历年积欠的税赋。于是苏轼毅然写成《论积欠六事并乞检会应诏四事一处行下状》奏议,上报于朝廷,其中写道:

> 臣顷知杭州,又知颍州,今知扬州,亲见两浙、京西、淮南三路之民,皆为积欠所压,日就穷蹙,死亡过半。而欠籍(记录欠负的簿籍)不除,以至亏欠两税,走陷课利(定额的赋税),农末皆病,公私并困。以此推之,天下大率皆然矣。臣自颍移扬州,过濠、寿、楚、泗等州,所至麻麦如云。臣每屏去吏卒,亲入村落,访问父老,皆有忧色。云:"丰年不如凶年。天灾流行,民虽乏食,缩衣节口,犹可以生。若丰年举催积欠,胥徒(泛指官府衙役)在门,枷棒在身,则人户求死不得。"言讫,泪下。臣亦不觉流涕。又所至城邑,多有流民。官吏皆云:"以夏麦既熟,举催积欠,故流民不敢归乡。"臣闻之孔子曰:"苛政猛于虎。"昔常不信其言,以今观之,殆有甚者。水旱杀人,百倍于虎,而人畏催欠,乃甚于水旱。臣窃度之,每州催欠吏卒不下五百人,以天下言之,是常有二十余万虎狼,散在民间,百姓何由安生,朝廷仁政何由得成乎?

这份奏议所用词句是颇为大胆的。苏轼说："臣不久之前牧守杭州，又知颍州，现在又调任扬州，亲眼所见两浙、京西、淮南三路（路，宋代行政区域划分，常设转运使、提点刑狱公事、提举常平广惠仓等官职，即监司也；因军事需要则临时设置宣抚使、安抚使掌一路或数路军政大权。）的老百姓，都被积欠所压迫，一天比一天更窘迫困苦，死亡之数甚至过半。但是在记录积欠的簿子上，他们的名字却仍然没有被消除，以至于亏欠夏秋两税，无可避免地陷入税赋无力上缴的恶性循环中，导致农业、商业都因此而衰弱不振，朝廷民间均以是困窘不兴。以此推断，天下大多都是如此啊！臣从颍州移知扬州，经过濠、寿、楚、泗等州，所到之处，粮食丰收。然而臣每次撇开左右随从，亲自进入村中寻访父老，百姓们却都面露忧虑不堪的脸色，说：'丰年反而不如凶年好。凶年天灾流行，（因为朝廷会有减免税赋和其他赈恤）老百姓虽然缺少粮食，但缩衣节食，还可以活得下去。如果遇上了丰年，朝廷就会催缴积欠，衙役们堵在家门口，官服的枷棒锁打在身上，那么要纳税的贫户百姓们便是求死不能啊！'说完，村里百姓们便老泪纵横。臣也不由得潸然泪下。到了城门口，又见到很多流民。地方官吏都告诉臣：'因为夏麦已经熟了，现在正在催缴积欠，所以流民们不敢回到家乡里。'臣从孔子的理论里听闻说，'苛政猛于虎'。过去我常常不相信他的这句话，而以现在的情况来看，大概比这还要严重吧！水旱之灾杀人，数目之大百倍于山间猛虎，但百姓畏惧催缴积欠，竟然更胜过水旱天灾！臣私下里揣度思量，每州催欠的差役不少于五百人，以全天下而论，那就是常有着二十余万虎狼，散在民间恐惧逼迫着百姓啊！老百姓们还怎么能安生太平，朝廷的仁政还怎么能够有成效呢！"

这些话是有分量和担当的，在屡次被构陷谤讪朝廷之后仍然敢用这种激烈而直率的口吻写奏议,可见东坡是真正不同于那些狗苟蝇营、见风使舵的传统政客式官僚的。他是一个敏锐而感性的人,对受苦的百姓有着一种民胞物与的关怀,为他们的悲喜落泪出涕。然而另一方面,东坡确实没有办法从全天下的高度上去足够系统地思考如何改善民生、如何富强国家,关于这一方面的认识,除却制科策论之时,此后他在仕途中基本停留在儒家和黄老之术传统的语境里,诸如仁政,诸如轻徭薄赋等层面。但对于一位千年一遇的伟大诗人,这毕竟是一种完全不必要的苛责了。

苏轼的奏议很快得到朝廷批复准许,当地的百姓们欢呼雀跃,而东坡在扬州的为官生涯又在匆匆春色的告别中即将结束。这一年八月,新的诏令再次下达,由于年轻的哲宗皇帝已经到了可以亲政的年龄,朝廷将举行皇帝陛下第一次主持的郊祀大礼(古代于郊外祭祀天地,南郊祭天,北郊祭地),并任命苏轼为南郊卤簿使,差遣也升迁到从二品的兵部尚书,负责皇帝出行祭祀的众多事务。

这便由不得苏轼推辞了,他只好一面请求郊祀之后仍乞补外;一面离开扬州返回东京。在这当口,苏轼又送别了一位好友,并为之赋《青玉案》一首:

> 三年枕上吴中路,遣黄耳,随君去。若到松江呼小渡,莫惊鸥鹭,四桥尽是,老子经行处。
>
> 辋川图上看春暮,常记高人右丞句。作个归期天已许。春衫犹是,小蛮针线,曾湿西湖雨。

苏轼即将北归东京,他的好友苏坚(字伯固)也要回到吴中。依依不舍之情,且遣一黄犬随君而去,作为念想。东坡不忘幽默,说到了松江岸边呼唤舟船摆渡之际,且莫惊扰一滩鸥鹭,因为这四桥盛景之处,都是我苏轼曾流连忘返的地方啊,花木鸟兽都是我的朋友呢。

想到友人能够回到吴中,自己却仍然官差在身,若要品味林泉高致之美意,或许只能念叨两句王维的诗句和他所作的辋川图来欣赏暮春之色了。你为自己定下了这个归期,上天已恩许。你身上春天的衣裳三年来不曾舍弃,犹是你的爱姬一针一线所做的那件,你我曾共淋西湖之雨,如今却要分别两地了。

词意中依稀可见东坡对友人归去故园的羡慕之情。

郊祀大礼结束,苏轼升迁为礼部尚书、端明殿学士、翰林学士,可谓荣宠甚深,离宰辅执政只有一步之遥。

然而苏轼已经对仕宦之途产生了深深的倦怠。

元祐八年(1093年)八月,妻子王闰之病逝。这是苏轼一生中第二次丧妻之痛,但是噩耗接连传来。

原来此时的高太皇太后也已病入膏肓,当时的宰相和执政们如吕大防、范纯仁(已于七月复尚书右仆射兼中书侍郎)、苏辙等人都进入崇庆殿问圣体安康,太皇太后令范纯仁单独留对,哲宗见状便令除吕大防、范纯仁两位宰相外全部告退。奏对间吕大防说着场面话:"近来听闻太皇太后陛下圣体好转,乞请陛下稍宽圣虑,安心服药。"高太皇太后说:"好不了了。正想对官家(指此时在场的哲宗皇帝。宋时内廷多呼皇帝为官家)说破,老身病殁之后,必定多有巧言令色欺弄官家的小人出现,官家切不可听信!至于相公们……你们也且早些求退,方便官家另用宰臣。"

高太皇太后也已知晓,亲政后的一场风暴恐怕在所难免。

十、东坡终焉

九月，太皇太后驾崩。

此前已经请求外知越州（今浙江绍兴一带）的苏轼此时被准许以端明殿学士、翰林侍读学士、礼部尚书知定州，并兼任河北西路安抚使（相当于军区司令）。然而不同寻常的是，作为两制以上的近臣高官，出为边帅，哲宗居然没有令苏轼在离开东京前陛见（臣下谒见皇帝），这其中的信号令苏轼十分不安。

但是他非但没有选择明哲保身，而是又上了一封奏议，即《朝辞起定州论事状》。其中写道：

> 《易》曰"天地交，泰。"其词曰"上下交而其志同"。又曰"天地不交，否"。其词曰"上下不交，而天下无邦。"夫无邦者，亡国之谓也。上下不交，则虽有朝廷君臣，而亡国之形已具矣，可不畏哉！臣不敢复引衰世昏主之事，只如唐明皇，中兴刑措（置刑法而不用。）之君也。而天宝之末，小人在位，下情不通，则鲜于仲通以二十万人全军陷没于泸南，明皇不知，驯致（逐渐达到、招致）其事。至安禄山反，兵已过河，而明皇犹以为忠臣。此无他，下情不通，耳目壅（yōng）蔽（隔绝蒙蔽），则其渐至于此也。

《易经》里说，天地之间小大沟通，则平安和气。其卦辞说，君民上下交通则国家能够团结统一思想。又说，天地之间小大不通，那么就会陷入困厄多灾的情况。其卦辞说，若一个国家君民上下之间无法交流沟通，那么天下就不存在邦国了。所谓"无邦"，就是亡国的意思。上下之间不相交通，那么就算有朝廷君臣的制度存在，但是亡国的形势已经存在了，难道不值得畏惧吗！臣不敢再引用衰亡之朝、昏庸之主的事例，只说唐玄宗好了，他乃是一位中兴之主，缔造人民安居、刑罚锐减的帝皇。但是天宝末年，小人在位，民间和地方的情况不能通达于他的耳中，就有鲜于仲通以二十万大军征讨南诏，结果全军覆没于泸南，玄宗却不知道的荒唐事情，这种上下壅蔽的情况是逐渐到这一程度的。等到安禄山造反，叛军已经过了黄河，但玄宗还把他当成忠臣。这没有其他什么奇怪的原因，不过是因为下面的情况不通达于上，君王耳目被小人所隔绝蒙蔽，便逐渐到了这种不可挽回的地步。

臣在经筵（汉唐以来帝王为讲论经史而特设的御前讲席。宋代始称经筵，置讲官以翰林学士或其他官员充任或兼任。），数论此事。陛下为政九年，除执政、台谏外，未尝与群臣接。然天下不以为非者，以为垂帘之际，不得不尔也。今者祥除（本指父母去世后，服丧期满，不再穿孝服。）之后，听政之初，当以通下情除壅蔽为急务。臣虽不肖，蒙陛下擢（zhuó）为河北西路安抚使，沿边重地，以此为首冠，臣当悉心论奏，陛下亦当垂意听纳。祖宗之法，边帅当上殿面辞，而陛下独以本任阙（古同缺）官，迎接人众为辞，降旨拒臣，不令上殿，此何意也？臣若伺候上殿，不过更留十日，本任阙官，自有转运使权摄，无所阙事，迎接人众，不过更支十日粮，有何不可？而使听政之初，将帅不得一面天颜而去，有识之士，皆谓陛下厌闻人言，意轻边事，其兆见于此矣。

臣在经筵上曾几次论及此事。陛下即位以来，九年之中，在拜除宰相执政和台谏官员之外，不曾和群臣有过什么接触。但是天下不认

十、东坡终焉 201

为如此是不恰当的,因为大家都认为这是太皇太后垂帘听政之际,不得不如此。现在太皇太后的大祥期满,也已除服,正是陛下亲自听政的开端,应当把使下情通达于上,而革除壅蔽作为紧要事务。臣虽然不肖,蒙陛下擢拔为河北西路安抚使,在边境重地中,以此路最为重要,臣应当悉心论奏,陛下也应该留意听取,或可接纳臣的意见。圣朝祖宗制度,边帅赴任前应当上殿陛见,当面向皇帝辞行。但陛下独独以河北西路安抚使正缺官,迎接帅臣的人数众多,降下旨意拒绝见臣,不令臣上殿,这是何故呢?臣如果上殿奏对,不过再多留东京十天,河北西路安抚使空缺,那么自有此路转运使暂时代理,不会有什么失误的事情。至于迎接人众多,不过再支取十日之粮,有何不可?却使得现在陛下听政之初,将帅离京赴任之际都不能一睹天颜,有识之士都会说陛下是不喜欢听人说意见,甚至从这一点看出有不重视边境军事大局的兆头。

  臣备位(居官的自谦之词。谓愧居其位,不过聊以充数。)讲读,日侍帷幄,前后五年,可谓亲近。方当戍边,不得一见而行,况疏远小臣,欲求自通亦难矣。……今陛下听政之初,不行乘乾(登极为帝)出震见离(亦有登极为帝之义)之道,废祖宗临遣将帅故事,而袭(沿袭)行垂帘不得已之政,此朝廷有识所以惊疑而忧虑也。臣不得上殿,于臣之私,别无利害,而于听政之始,天下属目之际,所损圣德不小。

  ……

  臣又闻为政如用药方,今天下虽未大治,实无大病。古人云:"有病不治,常得中医(符合医道)。"虽未能尽除小疾,然贤于误服恶药、觊（希望得到）万一之利而得不救之祸者远矣。臣恐急进好利之臣，辄劝陛下轻有改变，故辄进此说，敢望陛下深信古语，且守中医安稳万全之策，勿为恶药所误，实社稷宗庙之利，天下幸甚。

臣忝任充数翰林侍读学士，常侍候陛下读书于左右，前后五年，可以称得上亲近于陛下。方今值戍边统军之重任，却不能见陛下一面而起行，何况还有那些与陛下疏远的小臣，就算想要亲自把某些情况通达于陛下也难上加难啊。……现在陛下听政之初，不施行初登大宝的种种合理制度，又废除祖宗派遣将帅的惯例规矩，反而承袭施行垂帘时期不得已的政治模式，这就是朝廷里有识之士惊讶、疑惑而忧虑的原因啊！臣不能够上殿陛见，对于臣个人来说，并没有什么利害关系，但是在陛下听政之初，天下瞩目之际，对于陛下的圣德损害不小！

臣又听闻治理天下如同使用药方。现在天下虽然仍未达到繁荣盛世、人民丰乐的大治局面，但实在也没有什么大毛病。古人说："有小病不去乱治，这才常符合真正的医道。"即便没有能完全除去小毛病，但仍然比误服恶药，觊觎希望渺茫的利益而得到致命之灾祸要好多了。臣担心那些急于升官求进、贪图利益的臣僚，很快就会劝说陛下轻易地改变元祐以来的大政方针，所以臣就进上这一奏议，希望陛下深信古人之说，且守符合医道的安稳万全的策略，不要被恶药所误害，这实在是天下社稷、宗庙祖宗们所希求的好事，是天下人之幸啊！

这篇奏议里的口吻又显得有些骇人听闻了，好几处似乎是长辈在教育小辈，而且直言不讳地点出了新旧党争的问题。当然，以苏轼曾经长期担任翰林侍读学士一职来说，确乎对于年轻的哲宗皇帝而言，有半个老师的身份,然而在新皇亲政的当口,上这种奏议仍然是极需要勇气的。

另外,苏轼的"今天下虽未大治,实无大病"这一观点亦足以反映,苏轼在政治上如果不是为了维护自己作为"旧党"的执政理念,那么一定是出于对天下局势的幼稚认识了。大宋的问题,由来已久,简要言之,太祖赵匡胤代周而立,从根本上无法解决勋贵土地兼并和佃户(租种地主土地的农民)众多而税收减少的问题,对于勋贵和文臣他只能一味在经济上纵容,以换来对其统治的支持。这一祖宗家法是导致三冗问题的重大因素之一。若说天下无大病,纵不去论旧党多指为奸邪的王安石和熙宁变法,难道范文正公庆历年间也属于庸人自扰?

苏轼是一个好地方官,但是实在缺乏经纶天下的宏大视野和政治才干。然而这无可厚非,而苏轼能够做到把百姓放在心中,已是难能可贵。

已经隐隐感受到一丝国是将变之兆的苏轼在抵达定州后更是沉浸在一种大梦似幻、人生可叹的郁郁寡欢情绪之中,他不得不在出世间的智慧中去寻求解脱,寻求排遣胸中块垒。

他接连写下两首《行香子》:

> 三入承明。四至九卿。问书生、何辱何荣。金张七叶,纨绮貂缨。无汗马事,不献赋,不明经。
>
> 成都卜肆,寂寞君平。郑子真、岩谷躬耕。寒灰炙手,人重人轻。除竺乾(天竺,此指佛学)学,得无念,得无名。

这一首是说,自己曾3次出入禁林,位列近臣侍从(承明殿,汉宫室之名。边上建有供值宿侍臣所居之处,曰承明庐),4次官至九卿级别高官。然而这对一介书生而言,又有什么荣辱之分?汉代的金日䃅(mì dī)和张安世子孙后代七世为近臣高官,华服贵冠,又如何呢?像我这样无尺寸军功,不会歌功颂德,不通济世安邦之儒术的人,难怪君王不喜欢啊。

不如效仿那成都闹市里,算卦占卜却只求勉强温饱而不慕富贵的严君平吧;又或者可以学学在岩谷亲自耕种的郑子真。世间万物,岂有长久盛昌?炭烧成灰,虽已变冷仍可暖手,人亦有轻重贵贱。我不如钻入佛学的大海之中,修得无念无名的出世间智慧吧!

严君平和郑子真皆是西汉晚期著名高士,隐逸不出,不愿仕宦。东坡在词中以此二人自况,足见他此时疲倦畏惧,心中思退,渴慕林泉的志向了。

又一首云:

清夜无尘。月色如银。酒斟时、须满十分。浮名浮利,虚苦劳神。叹隙中驹,石中火,梦中身。

虽抱文章,开口谁亲。且陶陶、乐尽天真。几时归去,作个闲人。对一张琴,一壶酒,一溪云。

在一个清风朗月的夜晚,东坡斟满杯中苦酒,他厌倦了世间浮名浮利,只感觉人生如寄,如白驹过隙,如石中火焰,如一枕黄粱。他虽然文章盖世,独步天下,然而招致的诽谤、诋毁又何其多呢?不如姑且陶然自乐,随性天真,找个时机归隐田园吧!琢磨一曲广陵散,细品一壶林间酒,仰讯高云,俯托轻波!

苏轼在定州一面整顿军队纪律,一面修缮营房,时间很快来到了

十、东坡终焉

元祐九年(1094年)。这一年四月,对东坡来说,一个可怕的信号终于到来:哲宗皇帝改元绍圣。新的年号意思不言自明,即是继承神宗皇考的文治武功,要继续变法!

此前,殿中侍御史来之邵上疏乞请罢黜首相吕大防,以破大臣朋党相庇之风,又在奏疏里提议起用先帝神宗所简选的新党大臣,如章惇、安焘、吕惠卿等。吕大防也自知其中关节,自求出外。哲宗皇帝很快便准许其所请。

三月,尚书左仆射兼门下侍郎吕大防为观文殿大学士、知颍昌府,后二日,改知永兴军。

同月,哲宗皇帝至集英殿试进士策论,复试时尽取肯定熙宁、元丰时期新法之人。这一显著信号令门下侍郎苏辙十分不安,他当即上疏将汉武帝的穷兵黩武、用桑弘羊敛财等行为比拟神宗熙宁、元丰时期之施政,引起哲宗皇帝勃然大怒,几乎在召对时就要下旨罢黜,得范纯仁说情而免。苏辙回到府中后惊惧不已,自求出外,于是以端明殿学士出知汝州。

四月,新党重新掌权的态势更加明朗起来,龙图阁学士曾布除翰林学士、知制诰;正式改元为绍圣,布告天下;诏故观文殿学士、集禧观使、守司空、荆国公、赠太傅王安石配享神宗皇帝庙;通议大夫、提举洞霄宫章惇为正议大夫、守尚书左仆射兼门下侍郎(即拜为首相)……

大约与此同时,侍御史虞策、殿中侍御史来之邵又旧事重提,说苏轼曾多次谤讪先帝。来之邵说:"轼在先朝,久以罢废,至元丰擢为中书舍人、翰林学士。轼凡作文字,讥斥先朝,援古况今,多引衰世之事,以快忿怨之私。行吕惠卿制词,则曰'始建青苗,次行助役、均输之政,自同商贾,手实之祸,下及鸡豚,苟可蠹(dù)国而害民,率皆攘臂而称首';行吕大防制词,则曰'民亦劳止,愿闻休息之期';撰司马光神道碑,则曰其'退于洛,如屈原之在陂泽'。凡此之类,播在人口者非一,当原其所犯,明正典刑。"

这些恶毒言辞的意思是:"苏轼在先帝(指神宗)时,被罢官贬职很久,到了元丰年间擢拔为中书舍人、翰林学士这样的两制高官。然而苏轼凡有诏令制词,都是些讥讽抨击先帝施政的悖逆话语,援引古代之事,穿凿附会地抨击我皇宋圣朝,又多引征衰亡败落朝代之事例,以满足自己久被废黜的私愤私恨。他撰写贬谪吕惠卿的制词,就在里面写'(吕惠卿)起初施行青苗法,之后施行助役、均输之法,使得朝廷体面扫地,有如商贾作风。手实法导致民间互相检举甚至贪财诬告的乱象之祸,遍及地方小民。只要可以危害国家百姓的乱政,他吕惠卿都撸起袖子卖力得不得了,这股起劲的丑态堪称第一';撰写吕大防制词,就说'老百姓困苦不堪,希望听到有可以与民休息的日子';撰写司马光的神道碑,又说司马光'(熙宁新法时期)退居洛阳,就如同屈原受谗讥而处湖泽之中'。凡是类同这些的违逆话语,传播在朝野士大夫和百姓间的数不胜数,应当追究他所犯的罪责,明正典刑!"

很快,由中书舍人蔡卞(王安石之婿;徽宗朝宰相蔡京之弟)所撰写的诏书下达,制词中说:

> 轼行污而丑正,学僻而欺愚。顷在先朝,自取疏斥,肆(发语词)予纂服(继承),开以自新,弗说尔心,复出为恶,辄于书命之职,公肆诬诋之辞。凡此立法造令之大经,皆曰蠹国害民之弊政。顾威灵之如在,岂神理之可容!深惟厥(代词,其。他的)辜(罪),宜窜远服(京城以外的地方),祗夺近职,尚临一邦。

这份圣旨对苏轼的指责看起来颇为触目惊心。其中说,苏轼此人行为奸恶而又嫉恨正直大臣;学问邪险而喜欺诈愚蒙憨直。过去在先帝之朝,咎由自取被贬斥地方,等到朕即位,擢拔起复苏轼令他重登重臣之列,却不能令其满意,又多做奸恶之事。在翰林学士知制诰任上,公然放肆地撰写诬蔑实情的制词。凡过去神考创立之法度、颁布之诏令,苏轼把这些都说成是害国害民的弊政。这样的言行岂是神灵天理所能容忍!深思苏轼的罪过,应贬斥远州,现只褫夺殿阁馆职清贵近臣之职,尚且仍给予其牧守地方的官职。

对苏轼的处分也下来了:落端明殿学士兼翰林侍读学士,依前左朝奉郎(正七品)知英州(广东英德)。

侍御史虞策又继续落井下石:"苏轼既坐讥斥之罪,犹得知州,罪罚未当。"诏轼降充左承议郎(从七品)。在当时,范纯仁曾直言相救,认为不应贬黜东坡。他明确指出,如今台谏中仿佛众口一词地弹劾苏轼的这些言官御史,大多为元祐年间,太皇太后垂帘时所进用之人,既然他们说苏轼在翰林学士任上,于诏令制词中多行诋诬之事,如何当时不察不谏不劾,今日却似乎上下观望,首鼠两端,始有弹奏?范纯仁不仅揭穿了这些自命刚正的台谏官员之嘴脸,并且劝诫哲宗皇帝,如此大面积贬黜元祐用事大臣,恐怕将"玷垂帘之圣明,妨陛下纯孝之德",他乞请对苏轼"特加容贷,不惟可全国体,亦可稍正浇风"。范纯仁出自公心的建言,认为宽贷苏轼可以全朝廷国家之体面,且能正言路浮薄邀宠之歪风,但他或许不能深知,或许不愿认识到的是,越提醒哲宗皇帝要顾及已故的太皇太后元祐更化之"垂帘圣明",也就必然越发激怒到亲政的皇帝。是以,皇帝不听。

元丰八年时,贬官汝州团练副使的苏轼被起复为朝奉郎、知登州。

此前东坡已经贵为礼部尚书，殿阁之职贵为正三品端明殿学士（元丰改制后，殿阁学士一度形同阶官），又身列禁林，为翰林侍读学士，位高权重。然而如今，他竟然再次以当年被起复的本官品级，贬谪出外。

十年，由朝奉郎起复，又由朝奉郎出外。二品到七品，这完全可说是断崖式降级了。

与其说哲宗厌恶苏轼，毋宁说皇帝厌恶整个旧党，厌恶垂帘听政的高太皇太后。对苏轼的打击不过是大面积罢黜旧党的一个开端，只是苏轼的灾厄远没有结束，仅仅刚刚开始。

四月中还发生了许多大事，章惇拜相的同时，范纯仁也和吕大防一样不再担任宰相了；蔡确车盖亭诗案被平反，追赠左正议大夫（从三品），并以此品级给予子孙恩荫赏赐；出面贬谪苏轼的来之邵升官侍御史……

一系列信号都表现出哲宗皇帝打击旧党，重新变法的坚定信心。

台谏的官员们窥知上意，更加不肯放过苏轼。

监察御史刘拯言："工部侍郎李之纯前为御史中丞，阿附苏轼为其用。御史王庆基言轼诋诬先帝，董敦逸言辙以国家名器，私与所厚。之纯遂以庆基等诬周忠良，乞行窜逐，庆基等再被降谪。之纯朋邪苟容，望赐黜责。"

诏令，李之纯宝文阁直学士降授宝文阁待制，差知单州。

刘拯见一击命中，遂图穷匕见，直接攻击苏轼："前端明殿学士、知定州苏轼落职知英州。按轼敢以私怨形于制诰中，厚诬詀（zhān）（多言、戏谑）诋，轼于先帝不臣甚矣。王得君愤其诋诬之甚，上书言之，旋被谴斥以死。秦观浮薄小人，影附于轼，请正轼之罪，褫（剥夺）观职任，以示天下后世。"

皇帝的诏令又下达了：苏轼合叙复日未得与叙复，秦观落馆阁校

十、东坡终焉 209

勘,添差监处州茶盐酒税。这意味着苏轼的政治生命遭受到了致命的打击。叙复是指官员贬谪后到一定时间可以重新考察政绩,若有功劳,仍可升迁。而这道诏令的意思是说,苏轼到了叙复日时也不能被升迁,不管立下多大功劳,这等于将东坡的政治生命判了死刑。而秦观,不过是一个跟着倒霉的可怜小棋子罢了。

苏轼只好拖着年届花甲的身子往岭南烟瘴之地而去,数年前蔡确被贬英州别驾、新州安置,如今东坡则被贬知英州。当年是新党哭,如今是旧党泣。

四月间,苏轼渡过黄河,并赋诗一首。即《黄河》:

活活何人见混茫,昆仑气脉本来黄。
浊流若解污清济,惊浪应须动太行。
帝假一源神禹迹,世流三患梗尧乡。
灵槎果有仙家事,试问青天路短长。

品诗意,颔联似是谓党争险恶,污清纷争混杂,岂有停歇之日?倒是惨烈不堪,如浊浪之动太行。人世三患,何其之多,何其之剧,不知尧乡所在何方,恐已被这无边烦恼所阻塞,去之不得了!尾联云"灵槎果有仙家事,试问青天路短长",意甚明了,人生在世行路难,宦海浮沉,虽有灵筏济水又如何?果能御而登天,达于仙府吗?青天之路凶险难测,难道只是喻指修仙学道吗?恐怕也是对自己侍读多载,尽心国事却得了个排云叫阍之不能的结果深感悲怆,这是对无法获信于哲宗的郁愤不平吧。

六月,新一轮的贬谪诏令又来了:曾任次相的观文殿学士、太中大夫、知青州刘挚落观文殿学士,降授左朝奉大夫、知黄州。曾任副宰相的太中大夫、知汝州苏辙降授左朝议大夫、知袁州。资政殿学士、知郓(yùn)州梁焘落资政殿学士,降授左中散大夫、知鄂州;左承议郎充宝文阁待制、知成德军刘安世落宝文阁待制,降授左承议郎、知南安军;左朝奉大夫、直集贤院、管勾西山崇福宫吴安诗落直集贤院,降授朝请郎,监光州盐酒税;左朝散郎充龙图阁待制、知虢(guó)州韩川落龙图阁待制,依前左朝请郎知坊州;左朝请郎充集贤学士、权知应天府孙升落集贤院学士,依前左朝散郎知房州。

而对于东坡,皇帝和执政们更不会忘,诏左承议郎、新知英州苏轼责授建昌军司马、惠州安置、不得签书公事。这就是说,苏轼从一个知州变成了不能参与地方政务的罪臣,失去了一切权力。不久,新的打压苏轼的诏令再次下达,追贬为宁远军节度副使,仍惠州安置。

《苏轼散官惠州安置制》云:

> 左承议郎新差知英州苏轼。元丰间,有司奏苏轼罪恶甚众,论法当死,先皇帝特赦而不诛,于轼恩德厚矣。朕初嗣位,政出权臣,引轼兄弟,以为己助,自谓得计,固有悛心。忘国大恩,敢以怨报。若讥朕过失,何所不容;仍代予言,诬诋圣考。乖父子之恩,害君臣之义。在于行路,犹不戴天;顾视士民,复何面目。乃至交通阁寺,矜诧(夸耀)倖恩(恩宠),市井不为,搢绅所耻,尚屈典章,但从降黜。今言者谓轼指斥宗庙,罪大罚轻,国有常刑,非朕可赦,宥尔万死,窜之遐服(荒远之地)。虽轼辩足惑众,文足饰非,自绝君亲,又将奚怼。保尔余息,毋重后悔。可特责授宁远军节度副使、惠州安置。

这份以哲宗名义颁布的制词可谓更加诛心而骇人。先是旧事重提,说苏轼元丰年间诗文谤讪君父朝廷,已经是该当死罪,被先皇神宗赦免,大恩难述。后来朕初即位,权臣(当是指司马光为首的元祐大臣)专政,擢拔二苏,于是你苏轼就自以为奸谋得逞,毫无悔改之心。居禁林内制之尊,专致力于种种途径,如策题、制词等诋毁朕之圣考。可谓离间朕与神考父子之恩,又大害尔与君父君臣之义。简直无脸面见士林同僚、天下百姓!尔甚至交通禁中宦官,夸耀自己帝眷无匹,此等无耻恶行,乃市井贩夫走卒所不为,亦朱门搢绅官吏所深以为耻。在将苏轼说得十恶不赦之后,表示皇帝宽宏大量,赦免其万死难赎之诸条大罪,只是贬谪远恶军州而已,还不痛改前非,涕零谢恩?

值得一提的是,制词中所谓"交通阉寺"倒也不是新党完全凭空捏造,确有一内侍宦官与二苏交好。此人即是陈衍。若算上陈衍之同党,则又有梁惟简、张士良等(此二人亦已于六月遭贬黜,梁惟简罢入内押班,差提举亳州明道宫;皇城使张士良添差监颖州盐酒税)。同年七月丁巳日,"诏陈衍追毁出身已来文字,除名勒停,送白州编管"。这一处罚可谓极重,所谓"追毁出身已来文字"即是因罪而开除一切官、职、差遣,从官籍中除去,废黜为庶民百姓的意思。据《宋史》本纪第十八可知,哲宗于元符元年(1098年)三月杀朱崖流人陈衍。具体罪名大致是说他阿附吕大防、二苏等人,助其伺探宫禁密旨,相为表里,猎取高位,尽变先帝成法。在处罚陈衍的严旨下达的同一日,亦牵涉及子由,诏苏辙降朝议大夫、试少府监,分司南京,筠州居住。

同时,范纯仁、吕大防等前宰辅都受到不同程度的贬谪,已经去世的司马光和吕公著甚至追夺谥号,毁弃诸人之神道碑(立于帝王大臣墓道前记载死者生平事迹的石碑)……当时政事堂甚至说:"司马光、吕公著唱为奸谋,诋毁先帝,变更法度,及当时同恶之人偶缘已死,不及明正典刑"。到了这一步,旧党全面落败了。

东坡此时的内心究竟在想些什么呢?皇帝厌恶自己,他已经在外知定州兼河北西路安抚使时感觉到;而昔年曾在乌台诗案时仗义执言救助苏轼并于困窘时给予药石、金钱资助的好友章惇,如今贵为独相,却对自己痛下杀手,拜相后诏令五下,把自己贬谪到两广岭南之地,由二品大员成了七品的罪臣。

不仅仅是二苏兄弟和旧党高级官员被大面积贬谪,东坡门下的"苏门四学士"亦先后连遭左迁贬黜。据《宋会要辑稿》职官六七:集贤校理、管勾亳州明道宫黄庭坚责授涪州别驾,黔州安置;秦观落馆阁校勘,添差监处州茶盐;承议郎、直龙图阁、管勾亳州明道宫张耒落直龙图阁,依前官添差监黄州酒税;承议郎、充秘阁校理、通判亳州晁补之落秘阁校理,依前官添差监处州盐酒税务。

甚至苏轼的"敌人"也因为被视为旧党而遭到贬官的沉重打击,如知齐州贾易添差监海州酒税务;通直郎程颐追毁出身文字,放归田里……

苏轼甚至不愿再牵连更多的家人,于是他带着年龄最小的儿子苏过和爱妾朝云、两个女仆赶往惠州,穿过极其危险的黄公滩,东坡犹能乐观自嘲地赋诗:"便合与官充水手,此生何止略知津。"他这是自嘲自己此生命运多舛,不知经过多少渡口啊。

东坡一面感慨"许国心犹在,康时术已虚",无奈地承认自己报国已无门,匡济天下亦是不能;然而又在翻过大庾岭的时候倔强地说:"一念失垢污,身心洞清净。浩然天地间,惟我独也正。"这种自许傲然独立的性格,某种方面正和盛唐的李太白一脉相承,所不同的是,东

十、东坡终焉 | 213

坡的经历远更复杂,他的领悟也更深刻一些。

绍圣元年(1094年)十月,东坡抵达贬所惠州。宦海的荣辱浮沉并没有击垮他,他反而写出了许多豁达而境界非凡的诗词。

如《蝶恋花》:

> 花褪残红青杏小。燕子飞时,绿水人家绕。枝上柳绵吹又少。天涯何处无芳草。
>
> 墙里秋千墙外道。墙外行人,墙里佳人笑。笑渐不闻声渐悄。多情却被无情恼。

这首词除了显而易见的乐观豁达之外,别有一种神秘的意境和韵味,墙外行人、墙里佳人仿佛处于两个不同的世界,构成了一种时空交错的艺术美,引人深思。此非天才如东坡,则难作如此语耳。

绍圣三年(1096年),苏轼已在惠州住得颇有些习惯起来,曾写诗说:"日啖荔枝三百颗,不辞长作岭南人。"然而在这一年,他的爱妾朝云病逝了,虽仅仅享年34岁,但两人已相处20年有余,感情十分深挚。

朝云在苏轼的心中分量甚重,她曾戏说东坡肚子里不是学富五车,而是一肚子不合时宜,引得东坡开怀大笑。在颇为艰难的贬谪生活中,朝云始终陪伴,照顾着年老的诗人,她更是苏轼思想上的知音,是真正的红颜知己。

因此东坡在朝云病逝之后曾写诗悼念,说他自己白发苍颜,"正是维摩境界",把朝云比作维摩诘大士说法时自天上而来散花供养的天女——对女子如此高度的赞扬,在苏轼的诗中是不多见的。

绍圣三年,一贯与苏轼交好,情谊甚笃的参寥和尚居然也遭了灾厄。据《墨庄漫录》卷一云:

> 吕温卿为浙漕,既起钱济明狱,又发廖明略事,二人皆废斥。复欲网罗参寥,未有以中之。会有僧与参寥有隙,言参寥度牒冒名。盖参寥本名昙潜,因子瞻改曰道潜。温卿索牒验之,信然。竟坐刑之,归俗,编管兖州。

这是说,当时吕温卿为两浙西路转运使,他窥伺上意,意图邀宠,居然连与苏轼为友的僧人亦要想方设法加害之。他苦于一直没有合适的罪名,正逢当时有僧人与参寥有过节,此僧告之吕温卿,说参寥度牒之上名称并非道潜,乃属于冒名,此为一罪也。原来参寥本名昙潜,因东坡故而改名道潜。吕温卿喜不自胜,如获至宝,派人索拿参寥度牒查验,果然如那僧人所说。于是将道潜捉拿问罪,没收度牒,勒令还俗,并押送兖州编管。可见,当时对苏轼的迫害已经到了何种程度,居然连与他交好的世外比丘,也要令人想尽办法加以迫害而后快,使其遭受无妄之灾。兖州地属京东西路,幸亏苏轼修书一封,予京东西路转运使黄寔,让他对参寥多加照顾。想必苏轼心中亦是充满了对诸多好友和门人的愧疚和无力感。

但噩运并没有就此远离苏轼。

绍圣四年,更丧心病狂的诏令下达了:责授苏轼琼州别驾,昌化军安置。

昌化军治所在当时的儋(dān)州,亦即位于现在之海南岛,当时是烟瘴蛮荒之地,猛兽毒虫出没,东坡62岁,不得不凄然渡海。

有一种说法认为,这是因为东坡在惠州时所写的《纵笔》一诗其中的诗句:"报道先生春睡美,道人轻打五更钟。"传到了东京首相章惇的耳朵里,据说章惇冷笑着说,苏子瞻尚尔快活!便将其贬谪到更远更蛮荒的儋州。

陆游的《老学庵笔记》卷四里有一条又记载,说:"绍圣中,贬元祐人苏子瞻儋州,子由(苏辙)雷州,刘莘老(刘挚)新州,皆戏取其字之偏旁也。时相之忍忮(zhì)(刻毒忌恨)如此。"这是说,当时首相章惇刻毒阴狠,按照元祐大臣的名字来决定他们贬谪的处所,以此彰显自己大权在握。

不过仔细想来,以上两种说法都未免不可靠,属于民间的稗官野史之传闻。章惇虽然性格睚眦必报,但断不会仅仅因为一句诗句就贬谪昔日的好友。他作为一个政治人物,贬谪苏轼、苏辙二兄弟,更多是因为他们俩的旧党身份;另一方面,据《曲洧旧闻》卷七:"盖当时台谏论列,多子由章疏,而谪词东坡当笔故也。"——这一条是说,元祐年间苏辙在台谏系统中任职时,曾多次弹劾新党大臣;而贬谪新党的制词不少又是当时任翰林学士的苏轼所草撰。换言之,新党之人,完全有理由愤恨苏轼二兄弟。作为绍圣新党当仁不让的旗帜人物,章惇必须打压二人,这只是一种残酷的政治考量,可能夹杂的私人情感之处并不多。若说有,那么苏辙确实曾经在弹劾韩缜的奏疏里说"夫缜与蔡确、章惇均是奸邪,皆能虐民乱国"(《乞责降韩缜第八状》)。这种人身攻击的言辞,确乎会被章惇记恨在心。

况且,苏辙也确实直接弹劾过章惇。元祐元年闰二月十八日,苏辙即曾上《乞罢章惇知枢密院状》。其中云:"臣窃见知枢密院章惇,始与三省同议司马光论差役事,明知光所言事节有疏略差悮(同"误"),

而不推公心,即加详议,待修完成法然后施行,而乃雷同众人,连书札子,一切依奏。及其既已行下,然后论列可否,至纷争殿上,无复君臣之礼。……(章惇)今乃不候修完,便乞再行指挥,使诸路一依前件札子施行,却令被差人户具利害实封(指将奏折密封)闻奏。臣不知陛下谓惇此举其意安在?惇不过欲使被差之人有所不便,人人与司马光为敌,但得光言不效,则朝廷利害更不复顾。用心如此,而陛下置之枢府,臣窃惑矣。……且差役之利,天下所愿,贤愚共知,行未逾月,四方鼓舞,惇犹巧加智数,力欲破坏。臣窃恐朝廷缓急有边防之事,战守之机,人命所存,社稷所系。使惇用心一一如此,岂不深误国计。故臣乞陛下,早赐裁断,特行罢免,无使惇得行巧智以害国事。谨录奏闻,伏候敕旨。"按照苏辙所说,则在司马光为相要罢废免役法,重新恢复差役法的时候,章惇明知司马光奏疏里有前后矛盾等疏略错误之处,却不明说,等到已经实施,又在太皇太后陛下的帘前咆哮争执,狂悖无礼。苏辙指出,章惇这种做法完全就是要让不喜差役法的人憎恨司马光,只要能让司马光出丑,朝廷大事利害成败,他根本不放在心上。这是事实吗?实际上苏辙在这里完全颠倒了黑白。章惇起初就公开强烈反对废除免役法,在这一点上,苏轼也是与章惇持相同意见的。后来他更是与司马光在御前辩论役法问题,司马光的固执也是出了名的,两个人你来我往,直把高太皇太后都给听瞌睡了。章惇的声音越来越响,惊到了太皇太后,是为殿前失仪,于是旧党们纷纷以这一理由弹劾他跋扈非常,无君臣之礼。苏辙又说差役法是天下人所愿,这也是不符合事实的说法,甚至恐怕连苏轼也不能违心赞同。章惇贵为枢府执政,苏辙如此弹劾他,而当此之时,帝眷深厚的苏轼却并没有劝阻弟弟苏辙,更没有只言片语相救,或许这正是结怨之处。

于是，我们的大诗人东坡不得不离开刚刚费心费力建成的"白鹤新居"，五月与被贬雷州的弟弟苏辙会于藤州。苏轼在诗中写道："莫嫌琼雷隔云海，圣恩尚许遥相望"。与亲生兄弟不能长此相聚相依，却仍不得不口称皇帝圣恩，悲哉！

不过据《老学庵笔记》卷一所载，我们亦可以看到二苏性格之差异。其中云：

> 吕周辅言：东坡先生与黄门公南迁，相遇于梧、藤间。道旁有鬻汤饼者，共买食之，粗恶不可食。黄门置箸而叹，东坡已尽之矣。徐谓黄门曰："九三郎，尔尚欲咀嚼耶？"大笑而起。秦少游闻之曰："此先生饮酒，但饮湿法已。"

这是说，苏轼和苏辙贬官南迁，相遇于梧州、藤州一带。两人同行时，路旁有卖汤面的商贩，于是兄弟俩一同买了吃将起来，结果大约是在岭南蛮荒之地吧，这汤面的味道粗恶不堪，简直难以下咽。苏辙元祐年间贵为御史中丞，后来甚至做到副宰相，如何吃得下这样的东西，便放下筷子长声叹息。没想到东坡已经吃得精光了，当哥哥的便拖长着声调取笑弟弟道："九三郎，你难道还准备细嚼慢咽了再吃下去吗？"东坡说完也不顾苏辙，大笑而起。后来秦观听说此事，便说这是先生饮酒的秘诀啊，只管喝，从不管味道。于中不难见苏轼之旷达乐观，随遇而安的潇洒气度，是不是颇有些颜回一箪食，一瓢饮，在陋巷，不改其乐的味道呢？

兄弟别后，东坡渡海来到儋州。蛮荒瘴疠的环境令他困病不堪，他在《到昌化军谢表》中对皇帝说："而臣孤老无托，瘴疠交攻。子孙恸哭于江边,已为死别;魑魅逢迎于海上,宁许生还。"个中惨烈,令后人不忍卒读。此时的东坡亦不自知,他与弟弟子由,已再不能相见。

七月,苏轼抵达了极其荒凉萧条的海南岛儋州。他仍要固执地自嘲说:"鴃(jué)舌倘可学,化为黎母(谓黎人之祖先)民。"鴃舌,出自孟子之言。孟子曾说:"南蛮鴃舌之人,非先王之道。"本是孟子骂农家许行的话,意思说许行南方的楚国方言像鸟语,土得不行。东坡到了儋州,一时之间还能以此自我宽慰,然而到了中秋之日,思及远方的亲友,他就是另一种感受了。

> 世事一场大梦,人生几度秋凉?夜来风叶已鸣廊。看取眉头鬓上。 酒贱常愁客少,月明多被云妨。中秋谁与共孤光。把酒凄然北望。

这首《西江月·中秋和子由》里,苏轼在儋州北望雷州苏辙的那种悲恸之情,跃然纸上,令人扼腕。我们不禁为这样一位天才的晚景凄凉而郁结哀悯,为什么时代要如此折磨这样璀璨夺目的一颗明星?

绍圣五年(后改元元符元年),东坡被巡察岭南的官员董必派人赶出所居住的官屋。原来,按照当时的规定,左迁贬谪之官,不可居于官舍,或是占用公家资源。此前董必先是巡察至苏辙贬官之所,他察知地方官员如雷州知州张逢、海康县令陈谔善待子由后,立即弹劾,导致苏辙被移循州安置,张逢勒停,陈谔贬官。对于这样一个带着"使命"来的不速之客,东坡有什么办法呢?无奈之下,他只能重新费尽心血又盖了一间茅屋聊以遮风避雨,作为栖身之所。这事情甚至并未就此结束,次年元符二年四月,因董必奏疏弹劾,朝散大夫、直秘阁、权知桂州程节降授朝奉大夫;户部员外郎谭掞降授承议郎;朝散郎、提点湖南路刑狱梁子美降授朝奉郎,皆是坐犯不察东坡贬所昌化军使张中体恤苏轼,为他安排住所之罪名,而张中本人被贬雷州监司。朝廷的当权大臣,已经狠戾到了谁照顾苏轼,就让谁降级处分的地步,政争的残酷性已经到了一个极其可怕的程度。

但是这样恶劣的气候、环境和执政大臣对其的迫害都没有击倒苏轼,他反而在儋州做了不少利于民生的事情,如劝导海南的黎民们重视农业耕种,将内陆先进的生产方式教给黎民的百姓们,又时不时讲学明道,弦歌播于化外之地,黎民得听圣贤之言。

时间一晃而过,两年后的元符三年(1100年)正月,没有子嗣的哲宗皇帝驾崩,幸运的赵佶兄终弟及,继承了皇帝位,这也就是《水浒传》里的宋徽宗。倾向旧党的向太后垂帘听政,这一年五月,苏轼被诏移廉州安置(位于广西)。

七月间抵达廉州,八月又改舒州团练副使,永州安置(今湖南境内)。这说明苏轼已经要被逐步复起了,至少北归是肯定的了。果然,十一月,诏令又下,以朝奉郎起复,提举成都府玉局观,且可以任便居住。

第二年,徽宗改元建中靖国。苏轼重新到了大庾岭以北,终于不再是岭南之人了。此时苏轼的政治生命实际上已经近乎复活过来,当时的大臣颇认为朝廷很可能重新大用东坡。此前章惇由于以"端王轻佻,不可以君天下"反对赵佶继位,已经被贬雷州。章惇之子章援甚至因此写信给苏轼,颇惧怕苏轼起复之后报复父亲。苏轼在回信中明确地告诉章援,自己和子厚相交40年,交情并未因些许变故而有损益。这真是君子之风啊。

东坡一路抵达常州，六月上表请求致仕，不管朝廷是不是有意要重新重用自己，他实在已经厌倦了宦海浮沉里险象环生的种种尔虞我诈、你争我夺。就在他期待着朝廷恩许，悠游林下、吟诗作赋的时候，年事已高加上岭南恶劣的生活条件带给身体的伤害，他一病不起了。这一年七月，东坡居士与世长辞，享年66岁。

在东坡仙去之前，他甚至留下了一个赠屋老妪的动人故事。据《梁溪漫志》卷四：

> 建中靖国元年，东坡自儋北归，卜居阳羡，阳羡士大夫犹畏而不敢与之游，独士人邵民瞻从学于坡，坡亦喜其人，时时相与杖策过长桥，访山水为乐。邵为坡买一宅，为钱五百缗，坡倾囊仅能偿之。卜吉入新第。既得日矣，夜与邵步月，偶至一村落，闻妇人哭声极哀，坡徙倚听之曰："异哉，何其悲也！岂有大难割之爱触于其心欤？吾将问之。"遂与邵推扉而入，则一老妪，见坡泣自若，坡问妪何为哀伤至是，妪曰："吾家有一居，相传百年，保守不敢动，以至于我。而吾子不肖，遂举以售诸人，吾今日迁徙来此，百年旧居一旦诀别，宁不痛心？此吾之所以泣也。"坡亦为之怆然，问其故居所在，则坡以五百缗所得者也。坡因再三慰抚，徐谓之曰：妪之旧居乃吾所售也，不必深悲，今当以是屋还妪。即命取屋券，对妪焚之。呼其子，命翌日迎母还旧第，竟不索其值。坡自是遂还毗陵，不复买宅，而借顾塘桥孙氏居暂憩焉。是岁七月坡竟殁于借居。

这是说，苏轼曾花了五百贯在阳羡买了个宅子，已是用光了几乎所有的积蓄。一夜他与邵民瞻踏月散步,至一村落中听闻妇人大哭之声。东坡出于同情,认为或许是有什么极难割舍的生死爱怨才让这妇人如此悲痛欲绝。他和邵民瞻推门而入,问了原因,不意邵民瞻替东坡买来的这宅子居然就是老妇人家中不肖子所卖出的百年祖宅。苏轼反复安慰老妇,告以实情,最后居然拿出了宅子买卖的券契,在老妇面前烧毁了,又叫来她的儿子,令他次日带母亲回祖宅中安居,却分文不取,没有要回那500贯。这之后东坡便不再购置田宅,而是在常州找了户人家借房子暂住下来。最终亦是寿终于孙氏宅中。

读罢此事,苏轼那爱民如子、疾百姓之苦如病于己身的儒士仁心又陡然在人眼前鲜亮起来,且大放光明,仿佛遍照霄壤之间。他在人生的最后时刻,摒弃身外之物,仅因她人之痛苦即赠还屋宅,此布施可谓不凡了!

东坡身上甚至有一些传说。如《瑞桂堂暇录》云:

> 东坡自谪海南归,人有问其迁谪艰苦者。坡答曰:"此乃骨相所招,少时入京师,有相者云:'一双学士眼,半个配军头。异日文章虽当知名,然有迁徙不测之祸。'今日悉符其语。"

人或言苏轼好似文曲星下凡,一双学士眼自然是有过目不忘之能;他在元丰、绍圣时期两次贬谪,半个配军头却是说他此生左迁走过之路,如那流配千山万水之长。观李公麟所画苏轼像,大约东坡面相是颇有些癯瘦而长的,故有半个配军头之谓吧。

又如宋张邦基之《墨庄漫录》云:

东坡知徐州，作黄楼，未几黄州安置，为定帅，作《松醪赋》，有云："遂从此而入海，渺翻天之云涛。"俄贬惠州，移儋耳，竟入海矣。在京师，送人入蜀云："莫欺老病未归身，玉局他年第几人。"比归，果得提举成都玉局观。三事皆谶也。

他列举三事，说苏轼作黄楼，结果贬官黄州团练副史；出为定州边帅、河北西路安抚使，写诗云入海之事，结果绍圣年间果然由惠州再贬儋州，真是入了大海了；在东京时曾作送别诗云"莫欺老病未归身，玉局他年第几人"，后来果真自岭外北归，提举玉局观。看来我们的东坡，似乎是有些大预言术的法门了。这自然是玩笑话，但也可见他一生境遇之坎坷。

纵观苏轼差不多四十余年的为官生涯，他并不是一个成功的官僚，也谈不上大有建树的政治家，然而他却不仅是一个文学奇才，更是一位天真、正直、可爱的人，他吟啸徐行的身影和宠辱不惊的风骨都与他留下的华章诗赋一起，永远哺育着后来之人。甚至可以说，他那些快意恩仇的笑骂戏谑，都是历史和文学里美妙的佳话，令得东坡其人更真实丰满，更如一个有血有肉、颇有脾气的文人出现在我们眼前。

附录

参考文献

一、古籍

1. [元]脱脱:《宋史》,中华书局1985年版。
2. [宋]俞文豹:《吹剑录全编》,中华书局1959年版。
3. [宋]方勺:《泊宅编》,中华书局1997年版。
4. [宋]龚颐正:《芥隐笔记》,文渊阁《四库全书》本。
5. [宋]叶梦得:《石林燕语·避暑录话》,上海古籍出版社2012年版。
6. [宋]李焘:《续资治通鉴长编》,中华书局2004年版。
7. [宋]袁文:《瓮牖闲评》,文渊阁《四库全书》本。
8. [宋]王辟之:《渑水燕谈录》,文渊阁《四库全书》本。
9. [宋]杨万里:《诚斋诗话》,文渊阁《四库全书》本。
10. [宋]周紫芝:《太仓稊米集》,文渊阁《四库全书》本。
11. [宋]王巩:《闻见近录》,文渊阁《四库全书》本。
12. [宋]朱弁:《曲洧旧闻》,文渊阁《四库全书》本。
13. 《佛说兴起行经》,巴蜀书社2008年版。
14. 《大佛顶如来密因修证了义诸菩萨万行首楞严经》,中华书局2012年版。

15. ［明］谢肇淛：《五杂组》，上海书店出版社 2015 年版。

16. ［宋］蔡绦：《铁围山丛谈》，中华书局 1983 年版。

17. ［宋］王铚：《四六话》，文渊阁《四库全书》本。

18. ［宋］陈长方：《步里客谈》，文渊阁《四库全书》本。

19. ［宋］程颢、程颐：《河南程氏外书》，文渊阁《四库全书》本。

20. ［宋］吕希哲：《吕氏杂记》，文渊阁《四库全书》本。

21. ［宋］周辉：《清波别志》，文渊阁《四库全书》本。

22. ［宋］胡仔：《苕溪渔隐丛话》，人民文学出版社 1962 年版。

23. ［宋］陆游：《老学庵笔记》，中华书局 2016 年版。

24. ［宋］费衮：《梁溪漫志》，三秦出版社 2004 年版。

25. ［宋］张邦基：《墨庄漫录》，中华书局 1985 年版。

二、著作

1. 邹同庆、王宗堂：《苏轼词编年校注》，中华书局 2007 年版。

2. 孔凡礼：《苏轼文集》，中华书局 1986 年版。

3. 孔凡礼：《苏轼诗集》，中华书局 1982 年版。

4. 孔凡礼：《苏轼年谱》，中华书局 1998 年版。

5. 四川大学中文系唐宋文学研究室：《苏轼资料汇编》，中华书局 2004 年版。

6. 曾枣庄、马德富：《栾城集》，上海古籍出版社 2009 年版。

7. 曾枣庄：《苏轼评传》，四川人民出版社 1981 年版。

8. 曾枣庄：《三苏评传》，上海书店出版社 2016 年版。

9. 王水照、崔铭：《苏轼传》，天津人民出版社 2013 年版。

10. 王水照：《宋人所撰三苏年谱汇刊》，中华书局 2015 年版。

11. 林语堂：《苏东坡传》，湖南文艺出版社 2016 年版。
12. 王曾瑜：《宋朝军制初探》，中华书局 2011 年版。
13. 邓广铭：《北宋政治改革家王安石》，北京出版社 2016 年版。
14. 王水照：《临川先生文集》，复旦大学出版社 2016 年版。
15. 漆侠：《宋代经济史》，中华书局 2009 年版。
16. 孔学：《王安石日录辑校》，四川大学出版社 2015 年版。
17. 虞云国：《宋代台谏制度研究》，上海人民出版社 2014 年版。
18. 龚延明：《宋代官制辞典》，中华书局 2017 年版。
19. 龚延明：《宋史职官志补正》，中华书局 2009 年版。

三、论文

1. 刘森：《苏轼与王安石政治关系研究》，吉林大学硕士学位论文，2012 年。
2. 漆侠：《释"鏖糟陂里叔孙通"》，《河北大学学报》1999 年第 3 期。
3. 周宝荣：《乌台诗案与苏轼"以诗托讽"》，《史学月刊》2008 年第 10 期。
4. 莫砺锋：《乌台诗案史话之四：涉案作品的文本分析》，《古典文学知识》2008 年第 2 期。

图书在版编目(CIP)数据

苏轼的诗词人生 / 王晨著. — 上海：上海社会科学院出版社，2021
ISBN 978-7-5520-3494-3

Ⅰ.①苏… Ⅱ.①王… Ⅲ.①苏轼(1036-1101)—生平事迹 Ⅳ.①K825.6

中国版本图书馆 CIP 数据核字(2021)第 022969 号

苏轼的诗词人生

著　　者：王　晨
责任编辑：张钦瑜
封面设计：璞茜设计
出版发行：上海社会科学院出版社
　　　　　上海顺昌路 622 号　邮编 200025
　　　　　电话总机 021-63315947　销售热线 021-53063735
　　　　　http://www.sassp.cn　E-mail:sassp@sassp.cn
排　　版：南京展望文化发展有限公司
印　　刷：上海新文印刷厂有限公司
开　　本：890 毫米×1240 毫米　1/32
印　　张：7.375
字　　数：161 千字
版　　次：2021 年 3 月第 1 版　2021 年 6 月第 2 次印刷

ISBN 978-7-5520-3494-3/K·593　　　定价：58.00 元

版权所有　翻印必究